EL TALLIT ESCONDIDO:
LA PRESENCIA SEFARDITA
EN PUERTO RICO

ANA ALICEA RIVERA
2017

EL TALLIT ESCONDIDO:
LA PRESENCIA SEFARDITA
EN PUERTO RICO

ANA ALICEA RIVERA

CENTRO DE ESTUDIOS E INVESTIGACIONES
DEL SUR OESTE DE PUERTO RICO
EDITORIAL AKELARRE

El tallit escondido: La presencia sefardita en Puerto Rico

Copyright 2017

© Ana Alicea Rivera

© Ángel Vélez Oyola - Prólogo

© Pablo L. Crespo Vargas – Editor

Todos los derechos reservados. Ninguna parte de este libro puede ser reproducida o trasmitida de cualquier forma o por cualquier medio, electrónico o mecánico, incluyendo fotocopia, grabación, o por cualquier sistema de almacenamiento y recuperación, sin permiso escrito de su autor, el Centro de Estudios e Investigaciones del Sur Oeste de Puerto Rico y la Editorial Akelarre.

Primera Edición
enero 2017

Editorial Akelarre
Centro de Estudios e Investigaciones del Sur Oeste (CEISO)
Lajas, Puerto Rico

Ana Alicea Rivera
PO Box 1629
Cidra, PR 00739

Ilustraciones sometidas por la autora y su equipo de trabajo

All rights reserved.
ISBN: 1539940608
ISBN-13:   978-1539940609

Al azar de los tiempos, lugares y destinos
con su ley milenaria, del orbe peregrinos
solos han perdurado, con su arraigo profundo,
cual los montes rocosos, añosos como el mundo.

André Chénier
Poeta francés

CONTENIDO

Dedicatoria	9
Agradecimiento	11
Prólogo	13
Antecedentes históricos	19
Cuando España se llamaba Sefarad	29
La Inquisición en España	41
Periodo de conquista y colonización	65
Cristóbal Colón	65
La colonización	82
Los Chuetas	97
Presencia judía en el siglo XIX	103
Aportaciones e influencia de los judíos a la cultura puertorriqueña	115
Costumbres y tradiciones	115
Gastronomía	126
El ladino	129
Refranero	132
Genealogía	134
Conclusiones	141
Apéndices	147
1. Imagen del Decreto de Expulsión de los Judíos en España, 1492	147

2. Transcripción del Edicto de Expulsión de
   Granada, 1492 148
3. Transcripción de la respuesta de Isaac
   Abravanel a los Reyes Católicos tras la
   firma del Edicto de Granada. 1492 152
4. Portada del documento de la Real Cédula de
   Gracias 157
5. Listado de apellidos de origen sefardita . . 158

Bibliografía 179

DEDICATORIA

Al Ser por el que todo en mi vida es posible. El Poderoso de Abraham, de Yisaac y de Yaacob. El Dueño de la sabiduría y de todo conocimiento. Amo del universo y de todo lo existente; a ti, solo a ti, te doy la prominencia y la soberanía en todo.

Gracias, infinitas gracias, por sacarnos de las tinieblas para mostrarnos tu luz admirable. Por el entendimiento, el conocimiento, la fortaleza y la paciencia que me concedes para llevar a feliz término este trabajo. Porque me permites aportar y ser parte de la historia de nuestro pueblo. No hay palabras que cubran el profundo agradecimiento que siento por ti, mi Adonay.

Bendito eres Tú, Adonay nuestro Poderoso, Rey del universo que otorgas sabiduría al ser humano.

Por los cuidados que has tenido del linaje de nuestros patriarcas y matriarcas, a través de todas las generaciones. Porque aun en el amargo y extendido exilio, Tú eres nuestro protector y nos has preservado hasta este día, cumpliendo fielmente la promesa hecha a nuestros patriarcas.

Bendito eres Tú, Adonay nuestro Poderoso, Rey del universo, Protector de Abraham y su simiente.

AGRADECIMIENTOS

"Con el permiso de mis maestros…" es una expresión en la fe hebrea, utilizada por un talmid (discípulo) al momento de dirigirse a un público o de hacer una bendición, frente a sus maestros o líderes. Es un enunciado que se convierte en una invocación al respeto y a la honra de aquellos que, de una forma u otra, han sido nuestros guías y maestros en el caminar de la vida y por quienes alcanzamos conocimientos y sabiduría y, por ende, méritos ante el Todopoderoso. Así, doy el reconocimiento merecido a las personas que fueron mi soporte y el motivo de este trabajo.

Israel Vélez, mi amado esposo, el maravilloso viaje que he recorrido en la vida se ha convertido en una hermosa aventura gracias a ti. Agradecer tu comprensión, tu paciencia, tu tiempo y tu ayuda, así como tenerte como compañero de vida es mi mayor privilegio.

Mi primordial inspiración son nuestros queridos hijos, Hannah y Yihsrael. Verlos en el camino de nuestros ancestros, en virtud de la Torah, es una de las experiencias más gratificantes que pueda vivir. A ustedes, almas que han iniciado el viaje perenne de nuestro pueblo, también va mi agradecimiento y mi eterno amor, dejándoles este legado, para que en sus corazones y en sus conciencias quede el mantener viva la memoria de nuestros ancestros, quienes nos precedieron en este forzado y largo exilio.

Mis padres, ejemplo de superación, que con sabios consejos inculcaron en mí el sentido ético de la vida, les agradezco su entrega y dedicación. Mi madre y mi abuela paterna, ambas de bendita memoria, me ilustraron con sabiduría y con su ejemplo, el verdadero precio de una mujer de valor, prudente y esforzada, tal como la describe el Eshet Hayil.

A mis hermanos Sara y Edwin por su apoyo, su ayuda y por darme de su valioso tiempo en la revisión de los textos bíblicos e históricos, gracias por su erudita aportación y por su patrocinio y gracias por ser siempre el refuerzo preciso en la familia.

A mi maestro Agustín Montañez, sea de bendita memoria, a quien le debo sabios consejos y grandes conocimientos. Fue él quien me inculcó el amor al estudio de la Torah y sus hermosas enseñanzas. Un caballero íntegro, en todo el sentido de la palabra, a quien considero un segundo padre y un noble tzadik. Siempre recordaré sus grandes ejemplos y su invaluable legado.

Reconozco, en especial, a mi sinagoga Beth Hakeneset Abraham Shalom, en Ceiba, Puerto Rico. Su respaldo, patrocinio y motivación han sido inspiradores para mí. Gracias por ser el oasis espiritual que me da bonanza y desahogo del ajetreado quehacer cotidiano.

Profesor Ángel L. Vélez Oyola, Director de la Escuela de Teología de la Universidad Interamericana de Puerto Rico y mi director de tesis, y autor del prólogo de esta obra. Le agradezco grandemente por su paciencia, sus consejos y su instrucción, pero más que nada por su comprensión. En los momentos que necesité su apoyo, por situaciones personales, nunca se negó a concederme tiempo demostrando su gran empatía y solidaridad. Muchas gracias.

Doctor Félix Rey Huertas, Director de la Asociación Puertorriqueña de Historiadores y Director del Departamento de Estudios Generales de la Universidad del Turabo en Gurabo, Puerto Rico. Agradezco sus aportaciones como Lector y por sus acertados consejos y correcciones al trabajo.

A todas las personas que donaron de su tiempo, que me contaron sus experiencias y compartieron sus conocimientos. A todos los bibliotecarios y archivistas que me ayudaron en la investigación. A los que me concedieron entrevistas dando de su tiempo y donando un gran acervo de información a la historia oral. A todos los que me motivaron e incentivaron para la final realización de mi trabajo. Mi eterno agradecimiento por su servicio, su favor y su gran apoyo.

PRÓLOGO

Y el Señor dijo a Abraham...
"Deja tu tierra natal y la casa de tu padre,
y ve al país que yo te mostraré". (Gen. 12)

Hablar de un grupo étnico siempre es una tarea complicada, no todo el tiempo se encuentran palabras que puedan apoyar aquellos que pensamos o predicamos con relación a dichos pueblos, esto es exactamente lo que ocurre en correspondencia con el pueblo Judío, querido por tradición religiosa y raíces del cristianismo. Sin embargo, un pueblo poco comprendido a través de los siglos. Por esto al encontrar algún trabajo intelectual cuyo objetivo es el estudio histórico del mismo, nos llena de interés y hasta entusiasmo. Aquello que es trasmitido en algún texto y más si es una investigación de tesis y posterior publicación. Esto es lo que ocurre con la presente obra de la profesora Ana Alicea Rivera. Al entrarnos en la larga travesía migratoria del pueblo hebreo observamos que en "Nuestra América", como decía José Martí, no ha sido la excepción.

La profesora Ana Alicea Rivera demuestra con gran interés y utilizando un atrayente banco de recursos históricos, historiográficos y hasta lingüísticos (filología), lo que fue el papel y la influencia ejercida por el pueblo hebrero en nuestra isla desde sus primeros años, pasando por los periodos de conquista, colonización y más importante evangelización por parte del llamado pueblo español. Pueblo lleno de contrastes y contradicciones en esa época. Época de reconquistas y reconquistados por culturas ya establecidas.

Sería muy difícil para cualquier especialista en Historia de Latinoamérica y/o Teología el análisis de manera tan adecuada esos primeros años de los judíos en Puerto Rico y aún más, el del papel que jugó la iglesia con relación a las creencias religiosas judías que no se amoldan al pensamiento típico de un país que se resistía a los avances del renacimiento en los siglos XV y XVI.

Sin embargo, este problema la profesora Ana Alicea Rivera lo ha superado, demostrando un análisis adecuado e interpretando con gran madurez y valentía, además del conocimiento personal, lo que fue el papel del pueblo judío en Puerto Rico.

Vemos que, un estudio como este va más allá que solo datos históricos o etnohistóricos, se convierte en un ejercicio de analizar las mentalidades de la época las cuales no están tan apartadas como las del siglo XXI con sus prejuicios y contradicciones. Por tanto, es importante que estudios como este nos abran caminos para poder encontrar aquellos que llamamos raíces familiares, entre los pueblos. Al final, como dice Paula Bonhoffer, *"lo que nos separa es tan solo espacio..."* y la profesora Ana Alicea Rivera, con este estudio se ha dado a la tarea de acercar esta distancia, con la devoción y amor que caracteriza sus creencias.

Dr. Ángel L. Vélez Oyola
Director
Escuela de Teología
Universidad Interamericana de Puerto Rico

INTRODUCCIÓN

Puerto Rico contiene una cultura variada y exquisita que se ha forjado a través de los siglos por la combinación de diferentes elementos culturales. Entre esos elementos siempre se ha resaltado el español, el indígena y el africano como los grupos étnicos y culturales que conforman la nuestra. Sin embargo, dentro de cada uno de esos elementos, debemos reconocer, que hay una división y diversidad que aporta de varias formas a lo que es nuestra cultura e idiosincrasia.

En el elemento español, aunque predominó el andaluz, podemos ver la influencia de los diferentes grupos de las diversas regiones de España que se instalaron aquí. Dentro de ese grupo no podemos pasar por alto a los sefarditas, judíos que fueron residentes en España que por conversión o por escapar del brazo de la Inquisición llegaron a las nuevas tierras americanas.

La cultura puertorriqueña también ha sido influenciada por este grupo étnico que llegó de España durante el periodo de la conquista y la colonización y que visible o invisiblemente fueron parte de nuestra formación como pueblo.

Muy poco se habla de este tema y es muy superficial la información concerniente al mismo en Puerto Rico. No obstante, es extensa la información existente sobre los judíos en América y en el Caribe, pero en el caso de Puerto Rico es muy somero el tema y espinosa la búsqueda del mismo. Los grupos judíos existentes en la actualidad son muy herméticos al dar información al respecto. Durante la búsqueda de referencias, recursos e información los únicos que estuvieron dispuestos a colaborar y aportar al tema fueron miembros de la Sinagoga Conservadora. Es la única que ofrece información sobre este particular ya que las demás no estuvieron disponibles para aportar encerrándose en una contundente negativa. La información que aportó la Sinagoga Conservadora fue muy valiosa, pero casi toda se centra en el siglo XX, enfocándose en judíos que arribaron a la Isla cuando se da la llegada de las tropas norteamericanas en 1898, o de judíos que llegaron de las islas aledañas y de otras partes de América, pero no de judíos originarios de Puerto Rico desde la conquista o la época colonial española.

En cuanto a la institución cristiana católica la información que brindan son fuentes secundarias, también con muy poca información y en la negativa de que realmente hubo inquisición en Puerto Rico referente a los autos de fe, ya que, según ellos, casi no hubo o no hubo judíos en Puerto Rico. Funcionarios de algunas iglesias e instituciones católicas no estuvieron dispuestos a dar información sobre el tema de los judíos y tampoco permitieron la búsqueda con el alegato de que no hubo judíos en Puerto Rico durante el periodo de dominio español y por lo tanto no hubo inquisición.

Varias personas colaboraron con información de manera oral. Muchas de ellas prefieren el anonimato ya sea por temor o por cuidar y preservar el legado que poseen y que es invaluable. Ofrecieron sus datos, la gran mayoría de ellos pueden ser corroborados, pero con la condición de que se mantuviera la discreción. Ese deseo se les ha respetado. Aún hay temor de hablar y revelar muchas cosas.

Si bien es cierto que existe escasa información sobre la presencia de judíos en Puerto Rico, no es suficiente motivo para pensar que no los hubo. No podemos, de ninguna manera, descartar el hecho de que durante el periodo colonial español hubo en Puerto Rico judíos o descendientes de estos, en especial conversos, que vivieron aquí y que, aunque no revelaban su real identidad mantuvieron vivos varios elementos de su cultura y de sus creencias, que también se hicieron parte de nuestra cultura e idiosincrasia. Por lo tanto, es necesario reconocer que el acervo cultural de Puerto Rico no está completo sin la contribución que hicieron los hebreos.

El 1492, el momento cumbre de la expulsión de los judíos de España, marca el inicio de un nuevo ciclo histórico del que América será eje central, nutriéndose de los elementos que aporta este grupo tanto en lo cultural, como en lo económico, en lo social y otros.

¿Quiénes son los judíos? ¿De dónde provienen? ¿Cuál es su importancia en los eventos históricos que acontecen en América y en el mundo, a raíz de la expulsión de estos de España y su consiguiente establecimiento en los nuevos territorios? Su historia, que también es la historia de América, es fascinante y sorprendente.

CONTEXTO HISTÓRICO

La historia de un pueblo está matizada por los diferentes momentos históricos que le ha tocado vivir a sus personajes en diversas circunstancias que ejemplifican el carácter del mismo. Muchas sociedades, culturas, civilizaciones y hasta imperios se han levantado y desarrollado en diferentes periodos de la historia, pero ninguno ha logrado sobrevivir los embates del tiempo y sus circunstancias como el pueblo hebreo. De origen tribal,[1] los hebreos han sobrevivido a la gran mayoría de las culturas, civilizaciones e imperios que se han levantado y desarrollado a través de toda la historia de la humanidad y que, de una u otra forma, han intervenido con ellos. Ningún otro pueblo ha logrado prevalecer y ser tan admirado y tan despreciado como el pueblo hebreo.

La palabra hebreo, que se utiliza para denominar a este grupo de origen semita proviene del hebreo "ivrí", palabra que quiere decir "del otro lado del río".[2] En sus orígenes, los hebreos fueron un pequeño clan, compuesto por una familia dedicada a la cría de ganado de cabras y ovejas y de otros animales de carga como camellos y asnos. Se originan con un líder conocido como Abram, nombre que más tarde cambió por el de Abraham.[3] Este practicaba el monoteísmo, manteniendo una férrea convicción en la creencia en un solo Dios Todopoderoso, Creador de todo, esto en medio de una sociedad altamente politeísta con muy marcados elementos paganos.[4] Esta práctica se convirtió en sello

---

[1] Johnson, Paul. *La historia de los judíos*. Ediciones B, S. A. Barcelona, España. 2005, p. 28.

[2] El seudónimo semita se utiliza para designar a los descendientes de Sem, hijo de Noé. Se traza la línea genealógica desde Sem luego del diluvio hasta llegar a Tare, padre de Abraham. La Biblia. Antigua versión Casiodoro de Reina (1569). Revisada por Cipriano Valera (1602). Génesis 6:1-32.

[3] La Biblia. Antigua versión Casiodoro de Reina (1569). Revisada por Cipriano Valera (1602). Génesis 17:5 y Nehemías 9:7.

[4] El monoteísmo es la creencia religiosa en una sola deidad, su contraparte es el politeísmo que viene a ser la creencia religiosa en más de una deidad. En la región de

distintivo de sus descendientes hasta el día de hoy. Dejando a un lado prácticas que consideraba paganas e idólatras; emprendió junto con su esposa Sarah, otros familiares y su servidumbre, el recorrido que los llevaría desde la ciudad de Ur, en la antigua Mesopotamia, cruzando el río Éufrates, hasta ubicarse en la región conocida en aquel entonces como Canaán, donde se convirtieron en un grupo sedentario. De ahí que se les conozca como el pueblo de los hebreos desde entonces.

Establecidos los hebreos en la región de Hebrón en Canaán, Abraham, el primer patriarca de los hebreos, llegó a convertirse en un hombre próspero que logró obtener riquezas y una posición social altamente reconocida en su época. Junto con una de las criadas de Sarah, llamada Hagar, procreó un hijo al que llamó Ismael. Más tarde, ya anciano, Abraham procrea junto a Sarah un hijo al que llamó Yisaac. Con el nacimiento de Yisaac surge la incertidumbre de quién será el heredero de las propiedades de Abraham. En un incidente protagonizado por Ismael y su madre, Sarah aconseja a Abraham que los retire del campamento a lo que este accede. Ismael habitó en la región al sur de Mesopotamia en lo que hoy se conoce como la Península Arábiga, pasando a ser el antepasado de los árabes de la actualidad. De esta manera el hijo que se convertirá en el heredero de las propiedades y riquezas de Abraham y que, en lo sucesivo, llevará el patriarcado, será Yisaac, el hijo de Sarah.[5]

Yisaac se casa con Rebeca, con quien tuvo hijos gemelos, Esaú y Jacob. Estos, en un momento dado disputaron la primogenitura y por consiguiente la herencia de su padre Yisaac. Finalmente la alcanza Jacob quien se convirtió en el padre de doce hijos que llegaron a convertirse en doce tribus y a su vez en doce

---

Mesopotamia, de donde provienen los hebreos, los pueblos que allí habitaban mantenían la creencia en diferentes dioses para dar explicación a todos los eventos naturales o extraordinarios que ocurrían a su alrededor.

[5] Weisman Moshé (Rabino). *El Midrash dice: Libro de Génesis*. Argentina, Editorial Benei Sholem, 2004, pp. 161-164.

patriarcas, adoptando el nombre de pueblo de Israel.[6] En sus días hubo escasez de alimentos en la tierra que habitaban lo que hizo que se movieran a Egipto a instancias de Yosef, uno de los hijos de Jacob, quien habitó allí luego de ser vendido como esclavo por sus hermanos, pero llegando a convertirse en el virrey de Egipto.[7]

La estadía de los hebreos en Egipto, luego de la muerte de Yosef, no fue del todo placentera. Crecieron en número y se convirtieron en un pueblo extenso que en nada se asemejaba al clan de setenta personas que llegaron allí junto con Jacob. Llegaron a convertirse en un pueblo de más de dos millones de personas a quienes los egipcios llegaron a temer por la gran cantidad que eran.[8] Luego de varios intentos del faraón de Egipto por eliminarlos, fueron esclavizados y como tal maltratados en extremo, sometidos a trabajos duros en condiciones infrahumanas. Tras cientos de años de sufrimiento y humillaciones, logran alcanzar su libertad a través de Moisés, el enviado de Dios para realizar esa misión. Es entonces cuando inician un recorrido que duró cuarenta años a través del desierto del Sinaí y regiones cercanas, enfrentando a otros pueblos de la región que se oponían al paso de ellos. Durante esa trayectoria reciben de Dios, a través de Moisés, un código de ley que se convertirá en su constitución y le dará sentido de cohesión y unidad, no solo como pueblo, si

---

[6] Israel es otro nombre con el que se conoce al patriarca Yacob. Ibid., p. 269-271.

[7] La Biblia. Antigua versión Casiodoro de Reina (1569). Revisada por Cipriano Valera (1602), libro de Génesis, capítulos 39-46. En estos capítulos se narra la historia de Yosef el hijo de Yaacob, de cómo llegó a convertirse en virrey de Egipto y cómo llevó a su padre y a sus hermanos a establecerse allí.

[8] La Biblia ofrece el dato de que salieron alrededor de 600,000 hombres de guerra. Estos se contaban entre las edades de veinte a sesenta años. No se contaban los niños, los ancianos ni las mujeres. Por lo que se calcula que, incluyendo a estos, el número podía ascender aproximadamente a más de 1,500,000 personas. La Biblia. Antigua versión Casiodoro de Reina (1569). Revisada por Cipriano Valera (1602), libro de Éxodo 12:37.

no como nación. Ese código de ley será también su marca espiritual que los identificará como pueblo.[9]

Una vez establecidos en lo que llaman la tierra de Israel, bajo el mandato de Josué,[10] sucesor de Moisés, se divide la tierra dándole a cada uno de los descendientes de los hijos de Jacob la parte que le correspondía en herencia. Cada tribu (hijos de Jacob) estableció sus límites y se les asignó su porción y sus funciones. En la región del sur se establecieron las tribus de Judá y Benjamín y en el territorio de la tribu de Benjamín se estableció lo que se conoce como el tabernáculo, lugar designado por Dios para la adoración y para presentar los sacrificios y ofrendas ordenados por Él.[11]

Con la muerte de Josué inicia el periodo de los jueces, personas que en diferentes momentos y circunstancias estuvieron a cargo de dirigir al pueblo para llevarlos por el camino de la ley y para dirigirlos en batallas en contra de sus enemigos.[12] Entre ellos se distinguieron personajes como Jefté, Samsón, Devorah, Gedeón y Samuel, entre otros. Fue un periodo de conflictos en los que se enfrentaron a diversos grupos y tribus que se oponían al establecimiento de ellos en el lugar.

En medio de toda esa actividad y a instancias del pueblo, Samuel, juez y profeta de Israel, unge a Saúl, un joven del clan de Benjamín como rey del pueblo. Fue un reinado que duró aproximadamente cuarenta años. Luego de varias dificultades el reinado de Saúl llegó a su fin perdiendo sus herederos el derecho al trono de Israel.[13]

---

[9] La Biblia en Deuteronomio 33:4 señala a este código de leyes conocido como la Torah como la herencia del pueblo de Israel.
[10] Josué fue el líder que sustituyó a Moisés luego de su muerte. La Biblia. Antigua versión Casiodoro de Reina (1569) Revisada por Cipriano Valera (1602), Deuteronomio 31:23.
[11] Johnson, Paul. *La historia de los Judíos*. Ediciones B, S. A. Barcelona, España. 2005, pp. 60-61.
[12] Ibíd., pp. 69-74.
[13] Gómez Bravo, Gutmaro. *Atlas de la Civilización Judía*. Alcobendas, España, Editorial Libsa, 2006, pp. 14-15.

Un joven de la tribu de Judah asume las riendas reales en Israel. David, un pastor de ovejas, fue ungido por Samuel para reinar sobre el pueblo.[14] Reinó cuarenta años y estableció una dinastía que se extendió por varios siglos. Fue un hombre aguerrido y polifacético en muchos sentidos. Estableció a Jerusalem como capital de su reino.[15] Su meta fue siempre instaurar un lugar estable donde el pueblo de Israel pudiera adorar al Dios único y verdadero y constituir un servicio espiritual perdurable para el pueblo y para las demás naciones. Aunque no logró el cometido de construir el sagrado templo, fue su hijo Salomón, su sucesor, el que consiguió establecer el deseado santuario para el servicio sagrado.[16]

Salomón reinó también cuarenta años sobre Israel y fue un reinado de relativa paz y tranquilidad. Alcanzó la armonía con todos los pueblos de alrededor concertando matrimonios con princesas y reinas de los territorios circunvecinos.[17] Con estos tratos alcanzó tener tranquilidad, en lo que a política exterior se refiere, para poder concentrarse en los asuntos internos que concernían al pueblo de Israel, y poder reinar pacíficamente manteniendo al pueblo unido y logrando una gran prosperidad sin precedentes. En la construcción del templo hizo alianza con Hiram de Tiro quien aportó materia prima y mano de obra para la edificación de este. Gran parte de la materia prima del santuario provenía de Tarsis o Tartesos, lo que hoy es conocido como la Península Ibérica o España y Portugal.[18]

Al morir Salomón, el trono pasó a manos de su hijo Roboam. A partir de este momento la historia del pueblo de Israel tomó un nuevo giro. Roboam gobernó con mano dura ordenando exa-

---

[14] Ibíd., pp. 15-17.
[15] Johnson, Paul. *La historia de los Judíos*. Ediciones B, S. A. Barcelona, España. 2005, p. 75.
[16] Ibíd., pp. 79-80.
[17] Ibíd., p. 81.
[18] Más adelante se explicará en detalle Tarsis o Tartesos.

geradas contribuciones al pueblo y exigiendo una sujeción estricta a su mandato, que se iba alejando de la Torah. Mientras todo esto se daba, él no se apegaba a los asuntos importantes del gobierno, desatendiendo las prioridades que este exigía. Hubo estancamiento político, económico y en lo espiritual. En un pueblo con cargas onerosas y sin una dirección fija y estable, surgió un nuevo líder que movió al pueblo a la división.

La figura de Jeroboam se levantó fuerte y con nuevos bríos. Este logró congregar a la gran mayoría del pueblo de Israel y convencerlos de que debían separarse de Roboam restándole reconocimiento y potestad a su reinado. Siguiendo las palabras de Jeroboam el pueblo se divide. A excepción de las tribus de Judah, Benjamín y Leví, el resto del pueblo se unificó bajo el mando de Jeroboam, quien se autoproclamó rey de Israel.[19] Este cambió la ley que habían recibido por manos de Moisés, alterando los días de fiesta y las leyes relativas a ello. Estableció una nueva capital a la que llamó Samaria y ordenó un servicio religioso contrario a lo ya establecido por Dios, ordenando un tipo de sacerdocio diferente al ya establecido por la Torah y prohibiendo a sus súbditos asistir a Jerusalem a celebrar y ofrecer sacrificios por temor a perder su autoridad. [20]

Israel ya no era un pueblo unificado por un mismo rey y una misma ley. Se convirtieron en dos reinos, cada uno con su rey, con diferentes leyes y diferentes ideologías. Comienzan a manifestarse rivalidades entre ambas monarquías. Ya no existía la paz y la unificación en Israel. Desde ese momento en adelante se van a conocer como el reino de Judah y el reino de Israel (también conocido como la casa de Yosef, hijo de Yaacob). Ya los dirigentes espirituales (profetas) se van a referir a dos casas separadas:

---
[19] Ibíd., pp. 85-86.
[20] Gómez Bravo, Gutmaro. *Atlas de la Civilización Judía.* Alcobendas, España, Editorial Libsa, 2006, pp. 18-19.

la casa de Israel (reino del norte) y la casa de Judah (reino del sur).[21]

En el año 732 a.e.c. el reino de Israel o reino del norte fue invadido por los Asirios quienes destruyeron sus principales ciudades y los llevaron como botín de guerra a su territorio de donde, la gran mayoría, no regresó. Estas tribus fueron dispersas por diferentes regiones de Asia y de lo que hoy conocemos como Europa, al día de hoy permanecen en el exilio.[22]

El reino de Judah fue el que permaneció firme en la observancia de la Torah tal y como se le dio a Moisés. Preservaron el culto, los protocolos del templo y las tradiciones ancestrales sin cambio alguno. A sus habitantes se les conoció como judíos por ser parte de este reino. Al primero que encontramos haciendo alusión a este término es a Jeremías el profeta bíblico que habla de los judíos en alusión al reino establecido en esa región.[23] Este término judío proviene del hebreo yahudí o yehudí, concepto que se usa para designarlos, y es alusivo a los descendientes de Judah, cuarto hijo de Yaacob. Años después fueron invadidos por el rey Nabucodonosor y fueron exiliados a Babilonia en un cautiverio que duró aproximadamente setenta años. Al regresar de este exilio reconstruyeron a Jerusalem y el sagrado templo, que por algún tiempo estuvo abandonado. En este periodo algunos de los judíos que fueron parte de este exilio, no regresaron a Jerusalem ni a los territorios que le correspondían, sino que perma-

---

[21] Armstrong, Herbert W. *La llave maestra de la profecía*. Passadena, California, Editorial Ambassador, 1983, pp. 83-88.
[22] Ibíd., pp. 127-132.
[23] Jeremías 32:12: ¨Y di la carta de venta a Baruc hijo de Nerías, hijo de Maasías, delante de Hanameel el hijo de mi tío, y delante de los testigos que habían suscrito la carta de venta, delante de todos los *judíos* que estaban en el patio de la cárcel¨. La Biblia. Antigua versión Casiodoro de Reina (1569). Revisada por Cipriano Valera (1602).

necieron en el destierro y se fueron diseminando por diferentes territorios y reinos, tanto que para la época de Jerjes,[24] ya estaban esparcidos por las ciento veintisiete provincias que este gobernaba. Es en este periodo que surge el personaje de la reina Esther, a quien Jerjes desposó convirtiéndola en reina de Persia sin saber que era de estirpe judía. Esta arriesgó su vida por la de su pueblo, logrando la preservación de los judíos en todo el reino.[25] La festividad de Purim[26] se conmemora en honor a la hazaña de la reina Esther, quien salvó al pueblo del exterminio total.

Los problemas no dejaron de perseguir a los descendientes de Judah. El imperio griego invadió su territorio, prohibiéndoles realizar sus ritos y la celebración de sus festividades. Antíoco Epífanes mancilló el altar del templo ofreciendo sacrificios a sus dioses. Esto causó el levantamiento de la familia de los Macabeos quienes lucharon en contra del régimen logrando recuperar el templo, purificarlo y reestablecer el servicio sacerdotal, aproximadamente en el año 165 a.e.c. En honor a estos hechos se conmemora la festividad de Hanukkah.[27]

---

[24] Jerjes I, conocido también como Ajaverosh y como Asuero. Rey de Persia de 485 al 465 a.e.c. gobernó sobre ciento veintisiete provincias luego de la muerte de su padre Darío I de Persia.

[25] La Biblia. Antigua versión Casiodoro de Reina (1569). Revisada por Cipriano Valera (1602). Libro de Esther.

[26] La palabra Purim quiere decir "suerte". Se usa en alusión a la suerte que echó uno de los enemigos de los judíos en la corte de Jerjes para ver qué día sería señalado para exterminarlos del reino y de la faz de la tierra. La suerte cayó el día 14 de Adar, según el calendario hebreo (entre febrero y marzo en el calendario gregoriano). Se promovió un edicto para el exterminio de los judíos ese día, pero por la intervención de la reina Esther se proveyó para que los judíos se defendieran y lograran salvarse de la inminente destrucción.

[27] La festividad de Hanukkah se celebra los días 25 de Kislev al 2 de Tevet, según el calendario hebreo, entre los meses de noviembre y diciembre, según el calendario gregoriano. Se celebra encendiendo las luces de una hanukkía (candelabro de ocho brazos con una luminaria central que es la que enciende todas las demás), conmemorando el milagro ocurrido cuando fueron a dedicar el templo ya que cuando lo recuperan lo que se encontró fue aceite para un día y tomaba ocho días hacer aceite nuevo. El milagro consiste en que ese aceite que supuestamente era para un día, duró ochos días, hasta que lograron sacar aceite nuevo para las luminarias del templo.

Los romanos también llegaron a convertirse en un poderoso imperio que logró dominar gran parte de Europa, Asia y África. Dominaron el territorio de Israel y fueron los que cambiaron el nombre de Judea por el de Palestina, en un desafío a los judíos ya que ese nombre proviene de los Filisteos, antiguos enemigos de Israel, y era alusivo a la idea de que las tierras les correspondían a esa etnia y no a los hebreos. Esta fue una de las razones por las que algunos judíos crearon grupos subversivos en contra de Roma. Los romanos nombraron reyes sobre Israel y apoyaron a los saduceos[28] para que ejercieran el sacerdocio en el templo.

En el año 67 e.c. fue nombrado Tito Flavio comandante militar en Judea para debilitar las partidas sediciosas que se levantaron en contra de Roma. Tres años luego (70 e.c.) logró sitiar y conquistar a Jerusalem y destruir el templo. Fue una temporada nefasta para los judíos, en la que miles fueron asesinados, otros miles fueron dispersados por diferentes regiones lo que llevó a una casi desolación temporera de la tierra de Israel.

La diáspora se convirtió en ese momento en el hogar de miles de judíos que abandonaban su tierra de promisión para hacerse extranjeros en tierras ajenas y desconocidas. Gran parte de los exiliados llegaron a territorios lejanos y lograron amarlos y apegarse tanto a ellos que los adoptaron como su hogar. Una de las fronteras lejanas que alcanzaron los judíos fue la península Ibérica.

---

[28] En la época que dominó el imperio romano, hubo en Israel tres grupos influyentes. Estos fueron los saduceos, los fariseos y los esenios. Los saduceos eran la clase alta y tenían influencia económica, política y militar en el pueblo, por lo que llegaron a convertirse en un partido político poderoso. Son descendientes del sacerdote Sadoc, de ahí su nombre. Estaban en constante conflicto con los fariseos por asuntos relacionados a la interpretación de la Ley dada a Moisés y por asuntos de política.

CUANDO ESPAÑA SE LLAMABA SEFARAD

La península Ibérica ha sido el punto de encuentro de diferentes pueblos y grupos étnicos que la han posicionado como uno de los centros culturales más importantes del Mediterráneo. La gran diversidad de etnias que allí se alojaron hizo de España y Portugal pueblos de variadas ideas, tradiciones y costumbres que perduran hasta el día de hoy. Uno de los principales grupos que tuvo protagonismo en esta conformación cultural ibérica lo fueron los hebreos.

Los hebreos o, en este caso, los judíos[29] fueron parte de la península Ibérica desde tiempos antiguos.[30] Existen diversas teorías sobre la primera presencia de judíos en España. Una de ellas establece que desde la época del rey Salomón,[31] ya algunos judíos se habían establecido en estas tierras debido a las relaciones comerciales que existían con los habitantes de la región de Tarsis o Tartesos, como parte de la construcción del primer templo en Jerusalem.[32] Otra de las teorías establece que los primeros judíos llegaron al territorio ibérico huyendo de la invasión a Jerusalem en el siglo VI a. e. c. por parte del rey Nabucodonosor.[33]

---

[29] Se hace la distinción entre hebreos y judíos ya que el término hebreos se utiliza para designar a todos los israelitas, pertenecientes a las doce tribus descendientes del patriarca Jacob. Judíos son los descendientes de Judá, uno de los doce hijos de este patriarca.

[30] Beinart, Haim. *El Legado de Sefarad*. Editorial Universitaria Magnes, Jerusalén, Israel. 1992, p. 15.

[31] El rey Salomón, hijo del rey David de Israel, reinó en Israel aproximadamente entre los años de 970 y 931 a.e.c., durante su reinado el país experimentó un gran desarrollo económico y cultural. Fue el constructor del Templo de Jerusalem para el que requirió establecer rutas comerciales con Tarsis.

[32] En la Biblia en 1 Reyes 10:22 se hace mención de Tarsis. Según varios historiadores Tarsis es la región sur de la península Ibérica donde había ya establecidas colonias de fenicios con los que el rey Salomón mantuvo relaciones comerciales por conducto de Hiram rey de Tiro.

[33] Nabucodonosor, Rey de Babilonia aproximadamente en 630 a. e. c. Hijo de Nabopolasar, un general caldeo que, tras la muerte de Asurbanipal, se había proclamado soberano de Elam, Mesopotamia, Siria e Israel, fundando un imperio neobabilónico que vino a ocupar el espacio de lo que fue el imperio asirio.

Existe otra teoría que posiciona a los judíos en España en la época del imperio romano cuando se ven forzados a emigrar a raíz de la destrucción del segundo templo de Jerusalem, por el general romano Tito en el año 70 de la era común.[34] Lo cierto es que en la Biblia el profeta Abdías quien, según algunos estudiosos, escribe hacia el siglo IX a.e.c. ya hace mención de Sefarad.[35] Veamos:

> Los desterrados, los cautivos de este ejército de los hijos de Israel, poseerán lo de los cananeos hasta Sarepta; y los cautivos de Jerusalem, que están en Sefarad, poseerán las ciudades del Neguev.
>
> Abdías 1:20.

Es evidente que en Sefarad hay una presencia hebrea radicada allí desde épocas anteriores al cristianismo. Esa presencia judía en España, en un momento dado, pasó a ser el eje de diversos eventos históricos que configuraron, no solo la historia de España y Europa, sino también la historia del mundo.

Para los judíos, España era conocida como Sefarad. El término Sefarad proviene de la palabra hebrea "sefar" que según el diccionario hebreo-inglés significa "far frontier" o "far settlement".[36] Podemos deducir que de ahí es que se le da el nombre de Sefarad aludiendo a que esa tierra, para los hebreos que la

---

[34] Emperador romano que acompañó a su padre, Vespasiano, a Judea cuando éste fue puesto al mando de las tropas enviadas a reprimir la rebelión de los judíos. Estando allí con él, su padre fue proclamado emperador por sus legionarios y partió para hacer reconocer su poder por el Senado. Tito se quedó al mando de las tropas romanas establecidas en Judea, con el encargo de terminar la represión de los judíos. En el año 70 tomó Jerusalén, después de asediarla por cinco meses, destruyendo el templo sagrado de los judíos y arrasando la ciudad; desde ese momento inicia la dispersión de los judíos por el Mediterráneo y el resto del mundo (la diáspora).
[35] La Biblia. Antigua versión Casiodoro de Reina (1569). Revisada por Cipriano Valera (1602). Libro de Abdías 1:20.
[36] Baltsan, Hayim. *Webster's New World Hebrew Dictionary*. Wiley Publishing, Inc. Cleveland, Ohio.1992, p. 373.

habitaban y también para los habitantes de Eretz Israel,[37] era la frontera lejana o el asentamiento más lejano. Si tomamos en consideración que, en el mundo conocido, en aquel entonces, la frontera más lejana del Mediterráneo era la península Ibérica, entonces se aplica a esta el término Sefarad. Los judíos de la península se conocen entonces como los sefarditas.[38] En este punto debemos reconocer que hay otros grupos de judíos a quienes también se les da el apelativo de sefarditas. Paloma Díaz-Mas dice sobre el particular lo siguiente:

> …se comenzó a llamar sefardíes no solo a los descendientes de los judíos españoles expulsados en el siglo XV, sino a todos los que provenían de los países árabes y orientales, fuesen los judíos de Cochin (India), los yemenitas o los falaches (o falachas), judíos negros de Etiopía.[39]

Existe otro grupo de judíos establecidos en Europa a quienes se les llama asquenazis. También comenta Díaz-Mas:

> El término sefardí se utiliza con frecuencia en oposición al de asquenazí, en alusión a otro gran tronco étnico-cultural del judaísmo: el franco-germano-eslavo. Como el caso de Sefarad, Azquenaz es también un topónimo bíblico (aparece en Génesis 10:3, I Crónicas 1:6 y Jeremías 51:27), que en su origen parece referido a un país del alto Éufrates colindante con Armenia, pero que la

---

[37] Eretz Israel (Tierra de Israel) es el nombre que se le da al territorio que por herencia le corresponde a Israel. De aquí en adelante se usará ese término para referirse a ese territorio ya que a través de la historia se le ha llamado con otros nombres como Palestina, Judea y Tierra Santa, pero para los hebreos es la Tierra que se le prometió a Abraham, Isaac y Jacob, los tres principales patriarcas del pueblo hebreo. A Jacob se le cambia el nombre a Israel y por consiguiente sus descendientes adoptan ese nombre al salir del cautiverio egipcio y convertirse en un pueblo con leyes e identidad propias.
[38] Aunque el término más usado es sefardita, algunos prefieren llamarlos sefaraditas por ser la forma correcta Sefarad y no Sefard.
[39] Paloma Díaz-Mas. *Los Sefardíes: historia, lengua y cultura*. Barcelona, España. Riopiedras ediciones, 2006, p. 29.

literatura rabínica medieval identificó con los primeros asentamientos judíos centroeuropeos: primero Alemania y el norte de Francia, luego Polonia y Lituania.[40]

En el año 711 llegan a la península Ibérica los árabes. Durante el periodo que estos dominaron lo que hoy conocemos como España, se vivió una época de relativa paz y armonía. Los árabes consideraban a los judíos como "la gente del libro"[41] lo que los ponía en una posición de protegidos garantizándole la vida, el comercio, las propiedades y la libertad de culto y de reunión. Se les otorgó también autonomía jurídica para que, entre ellos mismos, resolvieran los problemas y situaciones de la comunidad. Se crearon las aljamas o juderías, comunidades que funcionaban como entidades autónomas donde se agrupaba a los judíos y donde estos podían seguir las leyes de la Halajá[42] sin intervención de los cristianos o árabes. En estas aljamas la vida de los judíos giraba en torno a la sinagoga[43] y a sus líderes espirituales conocidos como rabinos.[44] Esto es así ya que en el judaísmo se sigue fielmente lo que se ha dado en llamar el ciclo de la vida que incluye todos los rituales que se efectúan desde el nacimiento hasta la muerte; entiéndase el brit milá o la circuncisión,

---

[40] Ibíd.
[41] Entiéndase la Biblia o como los judíos llaman al antiguo testamento, El Tanak.
[42] La Halajá es la recopilación de las principales leyes judías, que incluyen las 613 leyes o preceptos, y posteriormente las leyes talmúdicas y rabínicas, así como sus tradiciones y costumbres.
[43] La sinagoga es el lugar de reunión de los fieles judíos y su lugar de culto y estudios.
[44] Líder espiritual dentro de la fe hebrea. Es un tratamiento que denota respeto y es equivalente a maestro.

el bar/bat mitzvah[45], y el mikveh[46] entre otros. La vida en la aljama no se limitaba a lo religioso solamente. Existía un cuerpo de administradores que se ocupaban de tareas tales como recaudar impuestos, intervenir en asuntos políticos y servir de mediadores entre cristianos y judíos, aunque en estos casos en particular, el judío no era considerado como persona digna de confianza ya que no podía servir de testigo en casos contra cristianos.

Los judíos españoles o los sefarditas, se convirtieron en una gran comunidad, siendo, en sus inicios, Andalucía, Ávila, Burgos, Cáceres, Córdoba, Girona, Hervás, Oviedo, Rivadavia, Segovia, Sevilla, Toledo, Tortosa y Tudela, las principales regiones donde se ubicaron, aunque no podemos perder de perspectiva que con el tiempo hubo comunidades judías en toda España y Portugal, completando así su presencia en toda la península Ibérica. De todas ellas el centro del judaísmo en España lo fue Toledo. Se sabe que fueron los judíos quienes la fundan dándole ese nombre en alusión a la palabra hebrea *toledot* que significa generaciones y llegó a convertirse en un gran foco de artes, ciencias e industria.[47] En ella se estableció la célebre Escuela de Traductores de gran prestigio en toda Europa. Conocida como la ciudad de las tres culturas, Toledo era la ciudad donde las culturas judía, musulmana y cristiana convivían en una sociedad de relativa paz. Aunque delimitados por sus barrios, conformaron una rica sociedad en la península Ibérica lo que dio paso a la gran

---

[45] Bar/Bat Mitzvah significa literalmente hijo o hija del mandamiento. De acuerdo a la ley judía el niño al cumplir sus trece años y la niña los doce años, debe tomar el camino del judaísmo. Se le aconseja y se le anima a observar la mayor parte de los mandamientos posibles, pero es cuando llegan a adultos que se le exige el cumplimiento de todos los mandamientos concernientes a su género. La diferencia de edades entre géneros se debe a que la niña, generalmente, madura primero que el varón, por eso a la niña se le hace a los doce años.

[46] El mikveh es el baño ritual o inmersión que se lleva a cabo por diferentes motivos dentro del judaísmo.

[47] Birminghan, Stephen. *The Grandees. The Story of America's Sephardic Elite*. Dell Publishing Co., Inc. New York, New York. 1972, p. 20.

diversidad cultural que todavía, al día de hoy se percibe en el ambiente ibérico.

Al incrementarse la vida en las ciudades, los judíos se fueron dispersando por todo el territorio hasta llegar a todas las áreas de España, donde se convirtieron en parte de la clase urbana burguesa y se dedicaron al comercio, a las labores administrativas, a la recaudación de impuestos y otras funciones fiscales o financieras. Algunos desempeñaron cargos importantes como ministros y tesoreros de reyes tanto de musulmanes como de cristianos. También los había que se dedicaron al préstamo con interés y expertos joyeros. Estos constituían las clases altas. Por otro lado, las clases bajas se dedicaban a labores artesanales tales como peleteros, sastres, zapateros, joyeros, plateros, boticarios, carpinteros, ebanistas, orfebres y alfareros entre otros. [48]

Durante la Edad Media la cultura judía floreció en España a tal punto que se vivió una época de esplendor con grandes pensadores e intelectuales que le dieron prestigio y auge a las ciencias, a las matemáticas, a la astronomía, a la literatura, a las artes y a la banca, entre otros. Eran especialistas en la fabricación de instrumentos de cálculo como relojes, astrolabios, cuadrantes y otros. La medicina era una profesión típica de judíos. Hubo grandes médicos y científicos, que dieron prestigio a estas profesiones en España. [49]

Muchos de ellos llegaron a ocupar posiciones de poder en la política y la economía. Un ejemplo de ello lo es Samuel Levi quien llegó a ser consejero del rey Jaime I y este lo elevó a la posición de segundo en el mando, tanto que solamente el rey podía tomar decisiones por encima de él. Algunos también ocuparon posiciones de prestigio en los califatos arábigos. Hubo intercambio intelectual entre árabes y judíos lo que hizo que, de

---

[48] Beinart, Haim. *El Legado de Sefarad*. Editorial Universitaria Magnes, Jerusalén, Israel. 1992, p. 21.
[49] Ibíd.

ambos lados, se nutriera una rica cultura que produjo grandes obras literarias, científicas, artísticas y filosóficas.

Una gran gama de judíos ilustres resaltan en la historia de Sefarad. Personajes como Moshé Ben Maimón,[50] mejor conocido como Maimónides, quien llegó a convertirse en médico de la corte musulmana y produjo grandes tratados de medicina y ciencia, así como una gran literatura sobre asuntos relacionados a la ética, la moral, las buenas costumbres, valores, relaciones humanas y la educación. Vivió en la era medieval y sus escritos son considerados por muchos como adelantados a su época. También escribió sobre la Torah, los primeros cinco libros de la Biblia, mejor conocidos como el Pentateuco entre los cristianos. Sus interpretaciones y reflexiones sobre los escritos sagrados lo llevaron a convertirse en el segundo Moshé de los judíos. Al día de hoy hay un dicho entre los hebreos que dice que "de Moshé a Moshé no hay otro profeta como Moshé".[51]

Destaca también la memoria de Rabí Yosef Caro, originario de la ciudad de Toledo. Es el autor del Shuljan Aruch,[52] obra que se conoce por ser una codificación de la *Halajá* (normas judías). Está compuesta por cuatro secciones: *Oraj Jaim* (Modos de vida), que trata de la vida cotidiana, hogar, sinagoga, festividades; *Ioré Dea* (Enseñanza de conocimiento) que trata de los preceptos, cashrut,[53] duelo y pureza; *Eben HaEzer* (Roca de ayuda) trata de la vida familiar, matrimonio, divorcio, leyes de la mujer, entre otros; y *Joshen Mishpat* (Pectoral de juicio) que trata de la ley civil y criminal. Se considera una obra completa y detallada de lo que debe ser una vida piadosa y recta dentro de la fe hebrea. Caro fue maestro de Moshé Alshich, sermonista de la Torah, del

---

[50] Moshé es el nombre de Moisés en hebreo.
[51] Platkin, Abraham. *Mishné Torah de Maimónides*. Editorial Sinaí, Tel Aviv, Israel. 2004. Prólogo de la obra.
[52] El Shuljan Aruch es el Código de Ley Judía. Su nombre se traduce literalmente como "mesa preparada". Hasta el día de hoy es el código autorizado de ley judía.
[53] Leyes dietéticas basadas en lo estipulado en el capítulo 11 del libro de la Toráh denominado Vayiqra o comúnmente conocido como Levítico.

cabalista[54] Moshé Galanti y del también cabalista Moshé Cordovero (El Ramak); personajes de gran importancia dentro del judaísmo. Se les considera grandes maestros por excelencia en materia de ética e interpretación de la Torah.

Moshé de León, fue otro ilustre rabino de la Edad Media. Nace en Guadalajara donde vivió y enseñó, antes de trasladarse a Valladolid y a Ávila con sus enseñanzas. Es conocido como el codificador del Zohar. El Zohar o el Libro del Esplendor es la máxima obra cabalista por excelencia. Fue escrito por Simón Bar Yojai, quien durante el ataque a Jerusalem y la destrucción del Templo por los romanos en el año 70 e.c., se refugió con su hijo en una cueva durante trece años y desarrolló esta magnífica obra de la mística hebraica.[55]

Cabe mencionar también a Moshé Ben Nahmán, conocido como Najmánides, rabino judeo-español nacido en Gerona. Médico de profesión que sobresalió como filósofo, cabalista y talmudista.[56] Inició la escuela cabalista de Gerona y dio vida a la más antigua poesía mística peninsular. Es famoso por ser uno de los rabinos que participó en la Disputa de Barcelona en 1263,[57] lo que le costó el destierro de Sefarad a Eretz Israel.

En la literatura se destaca Ibn Gabirol con una poesía mística o religiosa. Escribía sus poemas en hebreo con caracteres árabes. Era una poesía lírica, con fuertes matices religiosos y con un tono romántico.[58] Ibn Paquda escribe en prosa las historias de la corte real con un

---

[54] Se le llama cabalistas a los estudiosos y expertos en materia de Cábala (palabra que significa 'recibir'). Es un sistema de interpretación mística y alegórica de la Torah que busca en ese texto el significado del mundo y la verdad.

[55] Bank, Richard. *The Everything Judaism Book: A complete primer to the Jewish faith from holidays and rituals to traditions and culture.* Published by Adams Media. Avon, MA. 2002, pp. 28-29.

[56] La palabra talmudista alude al estudioso del Talmud, obra judaica considerada una de las interpretaciones orales de la Torah.

[57] Debate sobre la naturaleza del Mesías. Esta tuvo lugar en Barcelona en 1263, entre Paulo Cristiano y Najmánides, junto a otros rabinos de la época.

[58] Gómez Bravo, Gutmaro. Atlas de la Civilización Judía. Alcobendas, Madrid. 2006, pp. 74-75.

tono jocoso y ameno. También Yehuda ha-Levi, quien fue el primero en escribir versos en lengua castellana y a quien se le considera uno de los más grandes poetas líricos de la época.[59]

Las escuelas hebreas de Andalucía jugaron un papel importante en el desarrollo de la lingüística. Así lo asevera Gómez Bravo:

> En Al-Ándalus se preparó el terreno para la investigación científica de la gramática hebrea, que fue esencial para la mejor comprensión e interpretación de la Biblia. La gran contribución de los judíos en la España medieval fueron los estudios lingüísticos del hebreo. Salvaron su declive como lengua de una minoría y la convirtieron en pieza clave entre el latín, el árabe y las lenguas romances.[60]

Esa pieza clave a la que se hace alusión aquí se refiere al ladino, la lengua de los judíos españoles. Lengua que se mantiene viva al día de hoy y que fue la que dio base a la lengua castellana en España. Figuran otras personalidades que participaron de lleno en la elaboración de una gramática castellana. Antonio de Nebrija en su trabajo de la gramática española requirió de la ayuda de los judíos para esta tarea tan significativa.[61] Esa nueva gramática que surge es parte esencial del idioma español que hablamos hoy.

En las ciencias se destacaron Yehuda Ha-Levi, Abraham ben Meir y Hasdai ben Isaac, quienes, en su práctica de medicina experimentaron con herbolaria y nuevas técnicas de curación y vendajes. También escribieron tratados filosóficos y de medicina

---

[59] Ibíd., p. 73.
[60] Ibíd., p. 74.
[61] El ladino es el dialecto hablado por los descendientes de los sefardíes expulsados de España por los Reyes Católicos en 1492. Puede considerarse casi un equivalente del español peninsular del siglo XV y principios del XVI. La pronunciación coincide con la que establece Antonio de Nebrija en su *Gramática*. Más adelante se hablará de esta lengua sefardita.

y de buena conducta y disciplina ya que pensaban que estas aportaban también a la buena salud del cuerpo y de la mente.

Todos estos prominentes judíos se destacaron en una época en que muchos historiadores han llamado el oscurantismo; la Edad Media. Mientras Europa se mantenía absorta en un letargo intelectual, los sefarditas y otros judíos europeos brillaban como la aurora en medio de la densa oscuridad intelectual.

Varios reyes en España llegaron a depender de las ayudas financieras que los judíos les aportaban ya que eran estos quienes poseían el capital y la destreza para financiar los trabajos de la corona española y también para mantener sus lujos. Los reyes católicos, Fernando e Isabel, tenían entre sus más allegados en la corte a Isaac Abravanel y a Abraham Seneor. Estos actuaban como consejeros de la Corona y fueron de los que patrocinaron el primer viaje de Cristóbal Colón. Como ellos, muchos judíos lograron escalar hasta llegar a ocupar cargos públicos y posiciones de prestigio en las cortes de reyes y en las casas de los nobles.

Los judíos ibéricos llegaron a amar a Sefarad en la misma medida que amaban su tierra, Eretz Israel. Ambas patrias compartían las aguas del Mediterráneo, una geografía similar, en muchos aspectos, producían los mismos frutos tales como olivos y uvas, también un clima muy parecido a su querido Israel. Veían a Sefarad como su segunda casa, un buen lugar donde prosperar y arraigarse con la familia, manteniendo sus tradiciones y costumbres, lo cual lograron con el transcurso del tiempo.

Sin embargo, no todo era agradable para los judíos en los territorios musulmanes y cristianos. Siempre se discriminó contra ellos y se les veía como inferiores. Algunos los consideraban una raza extraña porque no eran apegados a la tierra, ni a nada estable. Su única herencia importante era su bagaje religioso y cultural, con unas tradiciones de fe sumamente arraigadas. Es que la vida del judío era de altas y bajas y siempre estaban a la expectativa de tener que huir en cualquier momento, por eso se dedicaban a trabajos y profesiones que podían ejercer en cualquier parte donde se instalaran, se dedicaban a adquirir conocimientos en cualquier área de estudio y eran sumamente apegados al estudio de la Torah, ya fuese escrita u oral, y a sus creencias y sus tradiciones porque, muchas veces, en su huida, era lo único que podían llevar consigo como equipaje.

Llegó el momento en que el panorama se tornó sombrío para los judíos sefarditas. Los vientos tempestuosos de las leyes del Santo Oficio de la Inquisición comenzaron a soplar con fuerza en Sefarad. Aquella Sefarad que fue su hogar por cientos de años ya no sería un lugar seguro para la vida del judío. Vivir en España se convirtió en un riesgo inminente para los hebreos. Había que tomar medidas que condujeran a una pronta solución, de otro modo su fe, sus tradiciones y sus vidas corrían peligro y estaban a riesgo de perderse para siempre.

LA INQUISICIÓN EN ESPAÑA

La inquisición es uno de los temas más complejos que tiene la historia. Infinidad de escritores han hablado o escrito sobre el tema, a favor o en contra o simplemente de manera imparcial. La Inquisición, en cierto modo, es un punto oscuro dado que muy poco se ha revelado de los archivos inquisitoriales, incluyendo los de América y en especial los de Puerto Rico.

Para poder entender por qué es así veamos cual es el origen y desarrollo de esta institución medieval y cómo funcionaba. La Inquisición fue un tribunal de la Iglesia Católica establecido para inquirir y castigar los delitos contra la fe de esta institución. Su nombre oficial era Tribunal para la Doctrina de la Fe. Desde el siglo XII se había establecido con ese propósito y para 1231 el Papa Gregorio IX confió su dirección a los dominicos.

Antes de actuar, durante un mes, conocido este periodo como tiempo de gracia, se efectuaban predicaciones para provocar que los sospechosos se entregaran, tras lo cual el arrepentido era perdonado; en caso contrario, se iniciaba el proceso condenándose a los no arrepentidos y a los relapsos (reincidentes en la herejía) a diversas penas, hasta la máxima, de muerte en la hoguera. Lo esencial para los jueces era conseguir la confesión de los acusados, lo que condujo, a mediados del siglo XIII, a la utilización de la tortura.

En España, la inquisición fue instituida por los Reyes Católicos, Fernando e Isabel, constituyéndose en Sevilla en el año 1478. Fue especialmente "motivada por las actividades de los judaizantes o falsos conversos, muchos de los cuales ocupaban cargos de responsabilidad".[62] De esto se desprende que la inquisición tenía como prioridad la persecución sistematizada de aquellos que habían aceptado públicamente la fe cristiana, pero en secreto aún profesaban un apego a la fe y a las tradiciones hebraicas. Este

---
[62] Enciclopedia Ilustrada Cumbre. Décima Ed. 1971. Tomo 6. Inquisición, p. 268.

tipo de conducta se conoce como criptojudaísmo.[63] Aunque es necesario mencionar que la Inquisición vigilaba a todo converso, aunque este no mostrara señal de sospecha alguna. El solo hecho de ser converso ya era causa de desconfianza. Desde esa perspectiva, la inquisición es tema obligado en el estudio de la historia de los judíos sefarditas y en el de la historia que comenzó a cernirse desde el momento de la llegada de los europeos, en especial los españoles, a los territorios occidentales.

La inquisición se instituye en España con el propósito de combatir y desarraigar aquellas doctrinas o grupos étnicos y religiosos que no estaban acorde a la fe católica. Los métodos utilizados para este fin, se han considerado siempre, por la visión cristiana moderna, como exagerados, crueles e inhumanos, sin embargo, para la población de la época no era así. Sobre el particular nos dice Pablo L. Crespo Vargas:[64]

> La inquisición española, desde nuestro punto de vista actual, puede ser considerada una institución obsoleta, absolutista y de carácter represivo que no se adapta a las condiciones de vida democráticas y liberales de nuestro tiempo. Sin embargo, lo que nosotros consideramos retrógrado e intolerante, era para la comunidad española de su tiempo uno de los instrumentos más eficaces para mantener la fe.[65]

El principal objetivo de la inquisición era mantener viva y pura la fe católica. Lograr ese objetivo merecía cualquier tipo de represión, opresión y supresión por parte de la autoridad de la

---

[63] Se le llama criptojudío al judío que hace conversión al cristianismo, pero en secreto continúa apegado a la fe hebrea o conserva, ocultamente, algunos elementos de esta.
[64] Pablo L. Crespo Vargas es un historiador especializado en temas relacionados a las mentalidades, específicamente las relacionadas a los temas de cultura popular, supersticiones y folclor. Su doctorado en historia es de la Universidad Interamericana de Puerto Rico.
[65] Crespo Vargas, Pablo L. *La Inquisición Española y las supersticiones en el Caribe hispano a principios del siglo XVII: Un recuento de creencias según las relaciones de fe del Tribunal de Cartagena de Indias.* Bloomington Indiana, USA. Palibrio, 2011, p. 15.

época que en este caso era la Iglesia. La Iglesia Católica se consideraba a sí misma como la institución mediática entre el ser humano, Dios y la salvación. Atentar contra ella y sus dogmas era atentar contra el cielo mismo. Esa era, y es, la mentalidad de los feligreses de esta milenaria institución a la que no solo consideran sagrada sino también "una sociedad perfecta y soberana, basada sustancialmente en la pura y auténtica Revelación"[66] por lo que su pureza es incuestionable. Esta era la principal razón por la que se justificaban los autos de fe y las torturas a las que eran sometidos los llamados herejes. Samuel Vila comenta:

> … de ahí deriva, también, su derecho a dictar leyes para protegerlo, con sus correspondientes penas para los violadores. La herejía era la peor de las violaciones, ya que atacaba la misma esencia de estas leyes: la unidad de la fe. No constituía, pues, solo una transgresión de las leyes divinas, un pecado, del cual era posible absolver al penitente, sino, además, una transgresión grave de las leyes positivas, un crimen, y como tal, había de ser castigado, cualesquiera fuesen los sentimientos de arrepentimiento del culpable.[67]

La inquisición se convirtió en el medio primario para salvaguardar la fe católica de los herejes que podían envenenarla desde adentro. Todo lo que iba en contra de esta fe o atentara contra ella, era motivo de persecución por parte de la Inquisición. Uno de los grupos que se convirtió en centro de atención para la Inquisición fue el de los judíos, en especial los conversos.

Como se ha mencionado anteriormente, los judíos residían en España desde la época del imperio romano, aunque hay evidencia que demuestra que desde la época del rey Salomón de Israel ya había presencia hebrea establecida allí. Su estancia en la península Ibérica, especialmente durante la Edad Media, fue

---

[66] Vila, Samuel. *Historia de la Inquisición y la Reforma en España.* Libros CLIE, Barcelona, España. 1977, p. 33.
[67] Ibíd.

sumamente productiva en todas las áreas relacionadas al comercio, las artes y la educación entre otras. Esto ocurrió así ya que los cristianos no eran dados a la educación y dependían de las enseñanzas de la Iglesia, además los Reyes les concedieron privilegios en especial a los conversos, por reconocer que eran útiles a la Corona. Primitivo Martínez Fernández nos dice:

> Gozaban de igualdad de derechos con los cristianos, derechos que se establecían por medio de los privilegios que los reyes les otorgaban a las aljamas, guetos o juderías; consientes los reyes de la habilidad de los judíos para el comercio y para organizar la administración de los terrenos reconquistados a los árabes, dado que la sociedad cristiana ni tenía experiencia ni sentía vocación por la actividad comercial y burocrático administrativa, preferían dedicarse a la noble profesión de la guerra, les concedieron una serie de privilegios, al mismo tiempo que de ellos recibían tributos.[68]

Los judíos fueron una parte importante en la conformación de la sociedad española gracias a los privilegios con los que contaban. Estos privilegios llevaron a algunos de ellos a ocupar posiciones de prestigio y de influencias dentro de la monarquía hispana. Muchos judíos sefarditas ocuparon posiciones de banqueros, economistas, abogados, médicos, astrónomos, filósofos, científicos, maestros, cartógrafos, entre otros. Paulatinamente fueron acercándose a la corte hasta llegar a tener gran influencia en los asuntos de la corona en relación a las decisiones del estado. Algunos llegaron a ocupar los más altos puestos hasta llegar a convertirse en cortesanos de la monarquía. David M. Gitlitz nos da luz de por qué esto era así:

> Puesto que los varones judíos tenían que ser capaces de leer y discutir la Torah para cumplir sus obligaciones religiosas,

---

[68] Martínez Fernández, Primitivo. *La Inquisición, el lado oscuro de la Iglesia.* Panamericana Formas e Impresos S.A. Colombia. 2008, p. 236.

mientras que a los cristianos les bastaba con oír misa, los hombres judíos de España estaban alfabetizados casi en un cien por cien, a la vez que los índices de alfabetización de los cristianos eran bajos. Los conversos mantenían esa tradición de aprendizaje de las letras y en los centros urbanos en vías de rápido desarrollo eran por ello candidatos idóneos para puestos de nivel medio en la administración financiera, judicial y gubernamental, que estaban formalmente vedados a los judíos.[69]

Por otro lado, en la parte económica, los judíos hispanos formaron gremios en los que desarrollaron una economía sólida y estable. Estaban compuestos de "artesanos y trabajadores de otros oficios de la mano baja".[70] Las razones para la formación de estos gremios nos las ofrece Haim Beinart:

En primer lugar, formando un cuerpo unido podían enfrentarse de forma más efectiva con la competencia y la animosidad de los gremios cristianos. En segundo lugar, su organización servía para prevenir la competencia entre ellos mismos. En tercer lugar, lograron obtener beneficios y reducciones al unirse para comprar materias primas y otros artículos que necesitaban. Por último, la intención de los miembros de los gremios en crear un ente capaz de encabezar la lucha de los estratos menos favorecidos de la sociedad judía.[71]

Visto de este modo, en este periodo, los judíos estaban en todos los flancos de la economía de la sociedad ibérica, lo que creaba malestar en la sociedad cristiana que en su mayoría mantenían gremios desunidos y en hostil competencia debilitando así su economía y socavando la competencia que mantenían con los grupos judíos. Llegó, por fin, el momento en el que el largo brazo de la inquisición llegó a España.

---

[69] Gitlitz, David M. *Secreto y Engaño: la Religión de los Criptojudíos*. España, Junta de Castilla y León 2003, p. 33.
[70] Beinart, Haim. *El Legado de Sefarad*. Editorial Universitaria Magnes, Jerusalén, Israel. 1992, p. 351.
[71] Ibíd.

Para la década de 1230, Fernando III rey de Castilla, se proclamaba rey de las tres religiones: cristiana, judía y musulmana. Luego, Alfonso X, el Sabio, aunque permitió que los judíos tuvieran acceso a cargos y honores públicos, presionado por las circunstancias de la época, creó las Siete Partidas, donde propuso algunas disposiciones que afectaban adversamente a los judíos.[72]

De aquí en adelante la situación de los judíos en España ya no será la misma. La persecución no se hace esperar. Un ejemplo de ello es la propagación de la Peste Negra de la cual se culpó a los judíos quienes, también morían a causa de la misma, pero en menor cantidad. Al respecto leemos:

> A mediados del siglo XIV, el peor siglo de toda la Edad Media, por sus pestes, hambre, guerras y calamidades, aparece la Peste Negra. Se culpó de ello a los judíos, tanto en España como en el resto de Europa. Cosa absurda, pero el antisemitismo se agravó pues casi todo el mundo presentó a los judíos como responsables de dicha calamidad y fueron utilizados como chivos expiatorios.[73]

Comenzó a darse en la Europa feudal, una serie de persecuciones sistemáticas a las que se les conoce como pogromos, de las que España no estuvo exenta. El judío ya no era visto con buenos ojos, el fanatismo antisemita se esparció por todas partes. Es difícil huir o esconderse de la sombra inquisitorial. En 1378 Ferrand Martínez, arcediano[74] de Écija, implantó una prédica en

---

[72] Iglesia Ferreiros, Aquilino: "*Cuestiones Alfonsinas*", en *Anuario de Historia del Derecho Español*. N° 55: 1985, pp. 95-150. Las *Siete Partidas* (o simplemente *Partidas*) es un cuerpo normativo redactado en Castilla, durante el reinado de Alfonso X (1252-1284), con el objetivo de conseguir una cierta uniformidad jurídica del Reino. Su nombre original era *Libro de las Leyes*, y hacia el siglo XIV recibió su actual denominación, por las secciones en que se encuentra dividida. En ellas se regulaba el matrimonio, el comercio, la usura, los dogmas y cómo estos influyen en la Corona. Iban también en contra de la blasfemia, la herejía y hechicería y de todo lo que atentara contra la fe. Fueron escritas con la idea de establecer una sutil, pero firme conciencia de prejuicio y discrimen en contra del judío.

[73] Martínez Fernández, Primitivo. *La Inquisición, el lado oscuro de la Iglesia*. Panamericana Formas e Impresos S.A. Colombia. 2008, p. 239.

[74] Nombre bajo el que se denominaba al diácono principal de una catedral.

contra de los judíos, presentándolos como "los asesinos de Cristo y como una mala plaga que traía maldición y desgracias."[75] Sus sermones iban dirigidos a que las sinagogas[76] se demolieran para que no quedara ningún vestigio ni recuerdo de ellas y "que a los judíos se les encerrara en sus barrios para que no tuvieran ningún trato, ni contacto con la población cristiana."[77] Los ánimos de las gentes se exacerbaron. El discrimen y el prejuicio se hicieron latentes en las diferentes comunidades. Se acusaba a los judíos de ser usureros, asesinos, ladrones, violadores, prostitutas, blasfemos y hasta de caníbales. Toda esta situación llevó a algunos judíos a hacer conversión forzada a la fe cristiana y aceptar el bautismo de la Iglesia, con todas sus implicaciones y requisitos que este exigía, para poder salvaguardar su vida y la de su familia. Martínez Fernández nos dice sobre el particular:

> Fueron muchos los judíos que se vieron obligados a bautizarse para evitar las persecuciones y poder optar por trabajos y beneficios del Estado. No fueron en lo más mínimo conscientes de los problemas y peligros que esto les iba a acarrear con su propia conciencia y su cultura y con el resto de su grupo que se mantenía en el judaísmo y los calificaría de apóstatas.[78]

Juan Ignacio Pulido Serrano afirma también que las conversiones fueron en gran número y tuvo repercusiones entre los judíos. Veamos:

---

[75] Gómez Bravo, Gutmaro. *Atlas de la Civilización Judía*. Alcobendas, Madrid. 2006, p. 82.
[76] La sinagoga es el lugar de reunión de los judíos para dedicarse a la oración, al estudio de la Torah (el pentateuco) y de los profetas y a la celebración de sus festividades y solemnidades.
[77] Gómez Bravo, Gutmaro. *Atlas de la Civilización Judía*. Alcobendas, Madrid. 2006, p. 82.
[78] Martínez Fernández, Primitivo. *La Inquisición, el lado oscuro de la Iglesia*. Panamericana Formas e Impresos S.A. Colombia. 2008, p. 240.

> …sin duda el fenómeno más novedoso y trascendente para lo que nos ocupa aquí, fue el de las masivas conversiones que tuvieron lugar entonces. Un número indeterminado, pero muy abundante, de judíos optaron por abandonar su antigua religión y por convertirse al cristianismo, con el objetivo de salvar así sus vidas y patrimonios. Bien es cierto que estas conversiones ya venían ocurriendo anteriormente, pero tras 1391 este fenómeno cobró una dimensión extraordinaria, sin parangón en el pasado.[79]

Los conflictos de 1391 en Sevilla fueron determinantes en la conciencia antijudía de los españoles. En varias ocasiones el pueblo, incitado por las prédicas del arcediano Ferrant Martínez, entró a la judería para saquear y destruir las pertenencias, casas y tiendas de los hebreos allí residentes. Las sinagogas fueron expropiadas y algunas totalmente destruidas. Todo fue devastado y murieron más de 4,000 judíos. No solo se vio afectada Sevilla sino también otras ciudades. Así lo afirma Haim Beinart, veamos:

> Algunas comunidades quedaron arrasadas por completo, entre otras las de Barcelona, Mallorca y las de la región de la Mancha. Solo se salvaron algunas como la de Zaragoza, la de Perpiñán y parte de la de Toledo gracias a las medidas que tomaron las respectivas coronas de Castilla y Aragón. Se destacaron en este aspecto la reina Violante de Aragón y R. Hasda'y Crescas que contrató mercenarios para que defendieran a los judíos. Si resumimos y evaluamos el alcance del daño, parece que una tercera parte de los judíos murieron, la segunda se convirtió por la fuerza y la tercera siguió fiel a su pueblo y a su religión y logró sobrevivir. En esta terrible situación, los que siguieron siendo judíos tuvieron que encarar con sus propias fuerzas nuevas condiciones de vida y distintos problemas para poder continuar existiendo.[80]

---

[79] Pulido Serrano, Juan Ignacio. *Los conversos en España y Portugal.* Arco Libros, S.L. Madrid, España. 2003, pp. 19-20.
[80] Beinart, Haim. *El Legado de Sefarad.* Editorial Universitaria Magnes, Jerusalén, Israel. 1992, p. 356.

Una nueva realidad surge entonces de este conflicto. Los nuevos conversos son ahora personas con una peor situación en cuanto a su status social y religioso. No serán bien vistos por un lado ni por el otro; para los judíos serán apóstatas que reniegan de la fe de sus ancestros y la ponen en peligro de desaparición, por lo que serán expulsados de su comunidad y del entorno familiar y entre los cristianos serán siempre vistos con recelo, poniendo en duda que estos hubiesen hecho una genuina conversión al catolicismo. Están en un punto intermedio que no les favorece ni en lo religioso ni en ningún aspecto de su vida cotidiana. Aunque algunos sí se convirtieron y vivieron una vida cristiana devota con verdadera vocación a la fe católica, muchos de ellos no cambiaron de profesión o de oficio. Seguían con sus actividades cotidianas y en ellas dejaban implícito su judaísmo o al menos parte de su educación moral y de valores hebraicos como lo afirma Julio Caro Baroja:

> Entre los conversos castellanos puede decirse que se encuentran las mismas actividades económicas y profesionales que entre los portugueses, con la diferencia de que en dos o tres generaciones solieran dejar, por lo general, los residuos de judaísmo que podían quedarles: el judaísmo formalista, ritualista, religioso se entiende, porque creo que en muchos otros órdenes la fuerza del hábito, tradiciones, preocupaciones, les hizo actuar de forma muy determinada, inyectando en la sociedad cristiana española un fermento nuevo. [81]

Estos cristianos nuevos, como se les llamará ahora, se convierten, en adelante, en el foco de atención de la Inquisición. Surge para la Iglesia un nuevo problema; lo que antes se llamaba el problema judío, ahora pasa a ser el problema converso por la conversión de gran cantidad de judíos al cristianismo. Estos nuevos cristianos no tienen una evangelización, no conocen a ciencia cierta la figura de Jesucristo por lo que se les hace difícil aceptar su divinidad, no son

---

[81] Caro Baroja, Julio. *Inquisición, brujería y criptojudaísmo*. Ediciones Ariel, Madrid, España. 1970, pp. 31-32.

completamente instruidos en la fe cristiana bajo los dogmas católicos, ni siquiera conocen lo básico de la nueva fe que ahora profesan, en algunas ocasiones confundían dogmas cristianos con dogmas hebraicos, por lo que surge una nueva eventualidad que, para la Iglesia, se convierte en una crisis. El mecanismo que tienen para combatir esta situación es la Doctrina de la Fe o, como se ha hecho llamar, el Santo Oficio de la Inquisición.

Ante esta situación el siglo XV en España fue un siglo de confrontaciones entre judíos y cristianos. Las leyes se creaban o se cambiaban a conveniencia dejando atrás la protección a los judíos. En lo religioso, los teólogos cristianos modificaban la teología y añadían nuevos argumentos teológicos en contra de los judíos ya fuera por su raza o por sus creencias. Un ejemplo de ello es la Disputa de Tortosa (1412-1414), la cual se llevó a cabo en la ciudad de Tortosa (de ahí el nombre) con el propósito de hacerle ver a los judíos los "errores" del Antiguo Testamento y lo importante que era la figura de Cristo para reivindicar al Dios de ese "viejo pacto". Fue presidida por el propio Papa Benedicto XIII y planteaba dos puntos principales: si Cristo había sido el Mesías verdadero y si el Talmud era verídico o estaba plagado de mitos y mentiras. Se puso en entredicho la veracidad de los escritos rabínicos usando como principal argumento antisemita el cuestionamiento si eran inspirados o no y también cuestionando el por qué interpretar las Escrituras cuando estas debían tomarse literal, siguiendo fielmente solo las enseñanzas de Jesucristo y de Pablo.

El debate fue monopolizado por los cristianos, muy poco se le permitió hablar a los judíos quienes estaban representados por rabinos de Cataluña y Aragón, amenazados con multárseles si no acudían al mismo. Al concluir el debate se obligó a los judíos a firmar un documento en el que reconocían sus errores de fe. El Papa firmó la bula *"Contra Judaeos"* donde se obligaba a todos los judíos a renegar de la Torah y a bautizarse en el nombre de Cristo. Se firma también la bula Etsi Doctoris Gentium la cual motivó la quema de libros judíos, o que tuvieran caracteres hebraicos y obligaba a la separación de judíos y cristianos, en especial si estos últimos eran conversos. Esta Disputa fue un duro golpe al judaísmo aragonés del que no volverían a recuperarse satisfactoriamente.

Diversos incidentes ocurrieron en diferentes partes de la España antijudía, la ciudad de Toledo no fue la excepción. Toledo fue el centro principal de la comunidad judía de España durante el periodo de dominación árabe. Su sinagoga es una de las más hermosas que se haya construido durante el periodo medieval. Su judería fue siempre una de las más concurridas tanto en lo financiero, así como en lo religioso y artístico. Grandes rabinos, artistas y judíos influyentes como Yehuda ha Levi, Samuel ha Levi Abulafia, Yosef ibn Ferrusel y el propio Maimónides se pasearon por las calles de la judería de Toledo impartiendo sus enseñanzas y disfrutando de su judería. Fue un punto de encuentros y de prestigio en la florida y bulliciosa Sefarad.

Los procesos de conversión y de persecución religiosa llegaron a Toledo creando un ambiente de hostilidad y de desasosiego en la tranquila comunidad que allí habitaba. A mediados del siglo XV se levanta una revuelta en contra del rey Juan II, motivada por un alza en los impuestos y la imposición de un préstamo inmobiliario a la ciudad de Toledo. Alonso Cota, cristiano nuevo y vecino de la ciudad, tuvo la encomienda de recaudar el dinero. Los vecinos, molestos, fueron a la casa del recaudador incendiándola, acto seguido tomaron la ciudad buscando en ella a todos los conversos. Lo que comenzó como una revuelta por cuestiones económicas se convirtió en una persecución contra los conversos de la ciudad. El alcalde, Pero Sarmiento, dictaminó que a todos los de condición de cristiano nuevo y sus descendientes se les prohibiría ocupar cualquier cargo público en la ciudad. Este dictamen se conoce como la *Sentencia Estatuto de Pero Sarmiento*, la cual dio paso a otros estatutos dirigidos en la misma línea a los nuevos cristianos, excluyéndolos de todo cargo público. Eventos como el de Toledo se suscitarían también en otras ciudades de España, algunas con menor fuerza, pero siempre con el mismo espíritu anti judaico.

Los Estatutos de Limpieza de Sangre surgen de la misma sentencia de Pero Sarmiento. Sobre estos estatutos nos comenta Pablo A. Chami:

> Los Estatutos de Limpieza de Sangre aparecieron en España durante el siglo XV en forma aislada, pero durante el siglo XVI fueron puestos en vigencia sucesivamente por todas las congregaciones religiosas, militares y civiles. Son reglamentaciones que impedían a los judíos conversos al cristianismo y a sus descendientes, ocupar puestos y cargos en diversas instituciones que pueden ser de carácter religioso, universitario, militar, civil o gremial. Tiempo más tarde los Estatutos se extendieron a los moros y luego también a los protestantes y a los procesados por la inquisición. Son estatutos raciales, pues dependen del origen o ascendencia de una persona y no de algún crimen o falta cometida.[82]

Estos estatutos fueron el mecanismo de discrimen legal hacia las minorías españolas conversas bajo sospecha de practicar en secreto sus antiguas religiones, marranos en el caso de los antiguos judíos y moros en el de los antiguos musulmanes, y que se estableció en España durante el siglo XV. Consistían en exigir el requisito de descender de padres que pudieran asimismo probar descendencia de cristiano viejo a todo aspirante a ingresar en las instituciones públicas.[83]

Pablo A. Chami establece que los estatutos de limpieza de sangre comenzaron a proliferar por toda España. Al respecto nos dice:

> Al poco tiempo, vista de la aprobación del papa Alejandro VI del Estatuto de Limpieza de Sangre para la orden jerónima, otras instituciones comienzan a poner en vigencia los

---

[82] Chami, Pablo A. *Estatutos de Limpieza de Sangre.* Curso dictado en el CIDICSEF, Centro de Investigación y Difusión de la Cultura Sefardí. Octubre del 2000. Modificado en 2007.
[83] Ibíd.

Estatutos. En enero de 1497 en el Colegio de San Antonio de Sigüenza, en 1519 se adopta en el Colegio de San Ildefonso, en 1522 se aprueba un estatuto para las universidades de Salamanca, Valladolid y Toledo. En el Estatuto de Toledo encontramos que ya la limpieza de sangre se aplica a los *"descendientes de judíos o moros"*.

En cuanto a las instituciones religiosas, en 1496, a instancias de Torquemada, obtiene del papa un estatuto para el monasterio dominico de Santo Tomás de Aquino, en Ávila; en 1531 se excluye a los conversos de toda la orden de Santo Domingo; en 1525 se establece entre los franciscanos; la Iglesia de Sevilla en 1515; Córdoba en 1530; tan tarde como en 1547, en la Iglesia de Toledo, que era donde residía el primado de España. Con esto quedan los conversos (tanto descendientes de moros o judíos) excluidos de todas las órdenes religiosas de España.

Los Reyes Católicos que, como habíamos visto, se opusieron a los estatutos de la orden jerónima, dieron dos pragmáticas en el año 1501 por las cuales ningún reconciliado por delito de herejía, ningún hijo ni nieto de quemado hasta la segunda generación pudiese tener oficio de Consejero real, oidor, secretario, alcalde, alguacil, mayordomo, contador mayor, tesorero, ni ningún otro cargo, sin especial permiso de la corona. Ahora la limpieza de sangre tenía carácter legal.[84]

Este era el ambiente que regía en España cuando los reyes católicos, Fernando e Isabel, controlan el trono en 1474. Al principio, cuando suben al poder, deseaban mantener la paz y la armonía entre los grupos de las tres religiones que convivían en su territorio. Los grupos antisemitas existentes en el territorio español presionaban para que los nuevos monarcas ejercieran su autoridad en cuanto a las leyes existentes en contra de los judíos, aun así, el problema converso seguía en constante aumento. En 1480 entró en vigor la política de separación que exigía el encerrar a los judíos en sus propias aljamas, las que convirtieron en comunas, lo que hoy podemos llamar guetos. En vista de que aun

---

[84] Ibíd.

así no se resolvía la situación, se creó lo que algunos llamaron la Nueva Inquisición. El objetivo principal fue la constante vigilancia a los nuevos conversos para que no regresaran a su antigua fe hebraica o velar porque esos nuevos conversos no llevaran un fingido apego a la religión cristiana en público y que en secreto no continuaran con su judaísmo original. También se les vigilaba para que no trataran de convencer a otros conversos de regresar al judaísmo o de practicarlo en secreto.

Se vigilaba a los nuevos cristianos de que no hicieran nada relativo a su antigua fe. Cualquier referencia al judaísmo era motivo de sospecha. Algunas de ellas podían ser ponerles nombres hebraicos a sus hijos. Nombres de lo que comúnmente se llama el Viejo Testamento en la Biblia, como David, Abraham, Isaac, Sara, Rebeca, Jacob, Esther entre otros, eran suficiente razón para sospechar de vestigios hebraicos o de un criptojudaísmo. Se comenzaron a usar nombres como José, María, Jesús, Pablo, Santiago y nombres de apóstoles, de papas o del santoral católico para evitar ser motivo de sospecha.

Para los judíos uno de sus emblemas religiosos más importantes es el shabbat.[85] Su observancia es parte vital de la vida del judío ya que es una de las prácticas que más lo identifica como parte del pueblo hebreo. Según el calendario hebreo, que es un de carácter lunar, el día comienza al atardecer. Los judíos reciben el shabbat el viernes al anochecer con una cena festiva en la que se ponen dos hogazas de pan, horneado por las mujeres de la casa quienes encienden dos velas en honor al día sagrado que comienza y toda la familia se viste las mejores galas. Una vez comienza el día se recesa de toda labor o trabajo. Es por eso que, si el recién converso se reusaba a hacer cualquier tipo de trabajo o tarea durante el sábado o si se negaba a encender fuego ese día, era sospechoso de observar el shabbat, según la ley de Moisés y era reo de muerte. El hornear pan el viernes en la tarde o encen-

---

[85] Shabbat significa descanso o reposo. Es el nombre que se le da al día sábado en hebreo.

der dos velas también era motivo de sospecha y podía enjuiciársele a causa de eso. Asearse viernes en la tarde y ponerse ropa limpia o de gala también causaba sospecha.

Otro motivo de recelo era el negarse a comer cerdo o cualquiera de sus derivados. Según la Torah el consumo de ciertos animales, en especial el cerdo, está totalmente prohibido.[86] Por esta razón los alimentos los preparaban con aceite derivado de vegetales, en especial de la oliva. La principal prueba a la que eran sometidos los nuevos cristianos era comer cerdo. Si la persona se negaba a hacerlo era señalado como criptojudío y podía ser llevado a juicio y condenado a castigos severos por su engaño.

Otros motivos de sospecha era el que la persona realizara ayunos en ciertos días o épocas del año y que recitara salmos de David.[87] Los ayunos en el judaísmo simbolizan penitencia, duelo y elevación del espíritu. Por este motivo los ayunos se hacen con la recitación de salmos, en especial los de David que evocan humillación, aflicción y luto. Ayunar durante la cuaresma era motivo para investigar a la persona y verificar que ese ayuno no coincidiera con el de Purim.[88] Este es el ayuno que conmemora el que realizó la reina Esther para invocar la protección divina cuando se presentara ante el rey Asuero,[89] para pedir la salvación de su pueblo. En esta época también se ayunaba en la víspera de Pesaj,[90] en recordación de la muerte de los primogénitos en Egipto, la noche que los hebreos fueron liberados del cautiverio por medio de Moshé.

---

[86] La Biblia, libro de Levítico, capítulo 11.
[87] David, Rey de Israel. Se le atribuye la mayoría de los salmos que hay en la Biblia. Según varias profecías de su descendencia vendrá el Mesías prometido al pueblo de Israel.
[88] Purim es una de las festividades judías que se celebra entre los meses de febrero y marzo en el calendario Gregoriano. Conmemora la salvación de los judíos de un exterminio inminente por mano de Amán, primer ministro de la corte del rey de Persia.
[89] El rey Asuero, conocido por los judíos como Ajashverosh (486-465 a.e.c.) fue monarca del imperio Medo-Persa y de 127 provincias desde la India hasta Etiopía.
[90] La festividad de Pesaj es la que se celebra entre los meses de marzo y abril según el calendario Gregoriano. Muchas veces coincide con la semana santa cristiana.

Otro de los ayunos que causaba motivo de sospecha era el ayuno del Yom Kippur.[91] Este ayuno es entre los meses de septiembre y octubre y es el ayuno de mayor importancia en el judaísmo. No realizar este ayuno implica ser borrado de la presencia del Todopoderoso.

Era necesario para la Iglesia vigilar que los nuevos cristianos no siguieran con este tipo de prácticas que los seguían uniendo al judaísmo, es por eso que eran asediados continuamente para mantenerlos lejos de estas prácticas que la Iglesia daba en llamar infamias y herejías.

Uno de los personajes más celosos en velar por esa pureza de fe cristiana lo fue Fray Tomás de Torquemada. Torquemada era de origen converso y pertenecía a la orden de los dominicos. Fue él quien organizó la inquisición en España, convirtiéndola en uno de los símbolos cristianos más temido y cruel que haya existido. Se crea un ambiente de magna tensión para los judíos en las regiones hispanas. Los conversos eran constantemente asechados para asegurarse de su veraz conversión, al extremo de que llegó el momento en que los mismos judíos, informaban a las autoridades sobre algún converso sospechoso de alguna actividad judaica, a manera de venganza por renegar de su fe o por saldar deudas. Se sembró la cizaña y la rivalidad entre los de la propia sangre, instándolos a entregar a las autoridades eclesiásticas a los falsos conversos. Martínez Fernández nos dice sobre ese particular que "la propia Inquisición, según el rabino Capsali, pidió que las sinagogas impusieran a los judíos la obligación de denunciar a los falsos conversos".[92]

---

[91] El Yom Kippur o Día del Perdón es la más importante solemnidad dentro del judaísmo. Es un día de ayuno con total abstención de alimentos y líquidos como penitencia. Es el día en que se pide perdón por todas las faltas cometidas ya sea por omisión, ignorancia o intención. Se cree que ese día el Todopoderoso hace juicio y determina quien vive y quien muere en el nuevo año que comienza.

[92] Martínez Fernández, Primitivo. *La Inquisición, el lado oscuro de la Iglesia*. Panamericana Formas e Impresos S.A. Colombia. 2008, p. 247.

El converso que era descubierto en su engaño era sometido a un proceso inquisitorial en el que se le "educaba" sobre los dogmas de la Iglesia y su fidelidad. Se debe tener presente que el proceso es uno de *inquirir* por lo que la persona era investigada y examinada enseñándole la doctrina de la Iglesia, con el fin de salvar a la persona de no caer en desgracia y que mantuviera su alma limpia. La realidad es que el proceso era más bien un juicio en el que la persona era sometida a un interrogatorio fuerte y despiadado para que confesara su falta y pudiera ser digno de la salvación, aunque muriera. Paulino Castañeda, catedrático de Historia de América de la Universidad de Sevilla, hace una detallada explicación de cómo se llevaba a cabo el proceso. Veamos:

> Se abre con el edicto de Gracia, un periodo de 30 días, más o menos, durante el cual el que se autoconfesaba hereje, recibía tan solo algunas penitencias espirituales; en los siglos XVII y XVIII es sustituido por el *Edicto general de la fe*, que se leía cada año en las iglesias y hacía relación de todos los delitos que obligatoriamente había que denunciar: la Ley de Moisés, la secta de Mahoma, luteranos, alumbrados… Y se cierra con el *Auto de Fe*, ceremonia solemne que podía ser pública o privada, aunque, en definitiva, siempre resultaba pública: unas veces en la plaza mayor y otras en una iglesia o capilla, abiertas al público. Se leían los sumarios de los procesos, y las sentencias que pronunciaban los inquisidores; estaban presentes los reos, y el juez real ordinario, a quien se entregan, allí mismo, los condenados a relajación, para que luego pronuncie sentencia de muerte y fuego, conforme a las leyes del reino contra los herejes; y enseguida, las haga ejecutar. Asistían también las autoridades y corporaciones respetables, instituciones religiosas y laicas. Todo un espectáculo.[93]

---

[93] Castañeda, Pablo. *El proceso inquisitorial.* Los conversos y la inquisición. Fundación El Monte. Madrid, España. 2000. (203) este ensayo es parte de una serie de conferencias pronunciadas en el ciclo "Los Conversos y la Inquisición Sevillana", organizado por la Fundación El Monte y la Universidad de Sevilla los días 6, 7, 8, y 9 de marzo de 2000. Para detalles del proceso completo con todos los elementos e implicaciones, refiérase al ensayo completo del Profesor Castañeda.

Por otro lado, la Iglesia Católica deseaba una España libre de lo que llamaba la impureza judía y morisca[94] por lo que utiliza a Fernando e Isabel, reyes católicos, para que cumplan este cometido. Por toda España se llevaron a cabo las guerras de reconquista para rescatar o reconquistar la España mora y sefardita de manos de los árabes y judíos. El último bastión moro en caer fue Granada, una vez alcanzado este fin, procedió la Corona española a quitar los vestigios que quedaban de la llamada contaminación semita. Al judío había que expulsarlo del territorio ibérico porque era un elemento extraño no solo a la fe, sino también a la sociedad en general. La religión y las tradiciones hebraicas eran elementos que no se asimilaban a la cultura hispano-católica, por lo tanto, no eran afines a los planes Iglesia-Estado que dominaban en aquel momento. Los reyes católicos, respondiendo a los grandes intereses de la Iglesia y buscando una solución a lo que llamaron el problema judío, promulgaron el Edicto de Expulsión de 1492. [95]

El Edicto de Expulsión fue gestado a todas luces por la Inquisición como lo asevera Mario Javier Saban:

> El Edicto de Expulsión, por su contenido y estilo, estaba redactado en el lenguaje de la Inquisición, o sea había salido de allí. A los judíos se les ordenaba salir del país, 'por mandato del rey e de la reyna' nuestros señores, e del muy reverendo señor prior de Santa Cruz, inquisidor general en todos los reynos e sennorios de su alteza.[96]

A todas las juderías llegó la noticia del Edicto de Expulsión. Debían abandonar Sefarad de inmediato, quedarse sería nefasto. La

---

[94] El término morisco proviene de moro, palabra utilizada para referirse a los árabes que residían en España, tanto los convertidos con anterioridad al catolicismo romano de forma voluntaria como los convertidos de manera obligatoria, en adelante pasaron a ser denominados moriscos o moros.
[95] Ver Apéndice 2.
[96] Saban, Mario Javier. *Judíos Conversos. Los antepasados judíos de las familias tradicionales argentinas*. Editorial Distal, Buenos Aires, Argentina. 1990, p. 15.

reacción de los judíos no se hizo esperar. Isaac Abravanel, líder de la comunidad sefardita, escribió una respuesta al Edicto promulgado por los reyes. En ella les enfatiza a los reyes que los que poseen verdadera estirpe real son los judíos por su linaje que es descendiente del Rey David de Israel y por consiguiente son parientes del Mesías. Les recuerda también de las aportaciones de los judíos a España y de cómo esta prosperó y alcanzó grandes conocimientos y progreso gracias a ellos.[97] Continúa haciendo un reclamo para que la Corona reconsidere el Edicto y se retracten del mismo, tratando de hacerles ver que esa decisión será fatal para España, quien se convertirá en escarnio de las demás naciones por perder sus mejores talentos tratando de unificar a España en una sola fe.

De nada sirvió el argumento de defensa de los líderes hebreos. El plazo para salir de tierras hispanas fue el 31 de julio de 1492 y citamos parte del Edicto de Expulsión de 1492:

> Acordamos de mandar salir a todos los judíos de nuestros reinos, que jamás tornen; e sobrello mandamos dar esta carta por la cual mandamos que fasta el fin del mes de julio que viene salgan todos con sus fijos, de cualquier edad que sean, e non osen tornar, bajo pena de muerte. [98]

La salida, luego fue aplazada para el 2 de agosto de 1492, fecha que coincidió con el 9 de Av en el calendario hebreo y que siempre ha sido una fecha nefasta en la historia de los judíos. Alfred J. Kolatch nos explica:

> El día 9 de Av es un día de duelo para los hebreos por la destrucción del Primer Templo en el 586 a.e.c. por los babilonios, y la destrucción del Segundo Templo por los romanos en el año 70 E.C. También en esa fecha cae Betar, la última fortaleza judía durante la revuelta de Bar Cojbá contra Roma en el 135 e.c., añadiéndosele la Expulsión de los

---

[97] Ver Apéndice 2.
[98] http://roble.pntic.mec.es/jmom0087/archivos/texto4.pdf

judíos de España en el 1492. La fecha es un día de ayuno nacional para el pueblo judío.[99]

Todo judío que permaneciera en España después de esa fecha tenía solamente dos opciones: convertirse a la fe cristiana bajo el manto de la Iglesia Católica y abjurar de la fe judaica, de lo contrario la otra opción era la muerte. Había ya un plazo fijado para que los judíos abandonaran España, la tierra que por siglos se había convertido en su hogar y que les había dado refugio y prosperidad. Ahora era una trampa mortal para la estirpe hebrea y su fe. La Sefarad que aprendieron a amar como a Eretz Israel y a la que tanto le dieron por generaciones, es ahora una tierra peligrosa, prohibida y ajena.

Comenzaron con los preparativos para la salida. Los judíos vendieron sus propiedades a un precio inferior al real y luego de la venta, el dinero debían darlo a la Corona como tributo. Norman H. Finkelstein nos dice sobre este asunto:

> The months leading up to the day of expulsion were filled with grief and anguish as Jews who had lived in Spain for generations realized that their lives here were over. Anguish and despair prevailed. But no one had time to sit and ponder fate. First, they needed to sell all their property – the homes, farms, businesses and furniture accumulated over the years. Nothing of value could be taken out of the country. But with so many departing, the amount of property for sale forced prices to ridiculously low levels. Some desperate Jews sold an orchard for a broken-down mule or a valuable house for a rickety cart; the immediate goal for many was to reach a Spanish port and find a sea passage to safety.[100]

---

[99] Kolatch, Alfred J. *El Libro Judío del Por Qué*. Jonathan David Publishers, Inc. Middle Village, NY. 1994, p. 309.
[100] Finkelstein, Norman H. *The Other 1492: Jewish Settlement in the New World*. Macmillan Publishing Company, New York, NY. 1989, pp. 41-42.

La salida de los judíos de Sefarad fue una violenta y atropellada. Lo único que podían llevar consigo era equipaje de mano, dejando atrás riquezas y propiedades de años de esfuerzo, trabajo y sacrificio, por una miseria de dinero a manera de limosna que le daban los que compraban sus propiedades; dinero que después debían entregar a la Corona como tributo. Muchos de ellos salieron con las llaves de sus casas colgadas en sus cuellos con la esperanza de que la Corona se retractara y les permitiera regresar a su morada o con la confianza de que algún día ellos o sus descendientes pudieran reclamar de nuevo lo que les correspondía.

Pocos barqueros permitían que los "impuros judíos" abordaran sus naves, pidiéndoles el triple y hasta el cuádruple del dinero que costaba el pasaje, dinero que no tenían ya que se les prohibió salir con metálico o ya lo habían pagado como tributo a la Corona. Debido a esto la mayoría emprendió el viaje de salida a pie o en carretas, que muchas veces les eran arrebatadas por asaltantes o por los mismos guardias de la Corona. En el camino también sufrieron los embates del tiempo, días soleados y noches frías sin tener con qué cubrirse. Fueron víctimas de enfermedades, hambre, cansancio y ataques de cristianos que les lanzaban improperios, además de agredirles con objetos hirientes o de manera personal. Algunos fueron asesinados. Se les instaba también a hacer conversión y aceptar el bautismo de la Iglesia para ser aceptados y recuperar sus bienes, a lo que muchos de ellos se negaban manteniendo su convicción y perseverancia en la fe ancestral. Simon Wiesenthal cita al cronista católico Bernáldez quien describe este éxodo y dice cómo era que los líderes religiosos los instaban a continuar: "los rabíes los iban esforzando y hacían cantar a las mujeres y mancebos y tañer panderos y adufes para alegrar la gente."[101] Era la gran disyuntiva de estos judíos sefarditas; renegar de la fe de sus padres o preservar su

---

[101] Wiesenthal, Simon. *Operación Nuevo Mundo. La Misión Secreta de Cristóbal Colón*. AYMÁ, S.A. EDITORA. Barcelona, 1973, p. 169.

legado, a costa de todo y a costa de la vida. Como en otras generaciones que les precedieron, muchos optaron por preservar la fe, así que qué mejor manera que hacerlo alegres.

La Corona española no previó las funestas consecuencias económicas y sociales que les dejaría la salida de los judíos de sus territorios. Los judíos durante su estadía en España habían acumulado grandes riquezas y de estas aportaban en gran medida a la Corona y al sostenimiento de diversas comunidades e instituciones españolas. Alfonso Toro, citando también a I. Bernáldez arroja luz en relación a esto:

> Así se privó España de la parte más hábil e industriosa de sus súbditos; pues los judíos eran mercaderes, vendedores e arrendadores de alcabalas e rentas de achaques e hacedores de señoríos, fundidores, sastres, sederos zapateros, curtidores, zurradores, especieros, buhoneros, tejedores, plateros e de otros semejantes oficios… y había entre ellos muy ricos hombres que tenían muy grandes riquezas y faciendas que valían un cuento e dos cuentos e tres.[102]

Si a estos grupos le sumamos los estudiosos, los consejeros, los médicos, los letrados, los banqueros, los abogados y administradores que en su mayoría eran judíos, no cabe duda de que España comenzó a empobrecerse al despojarse de personas trabajadoras y emprendedoras, que administraban con eficiencia sus riquezas y las de la Corona y que a todas luces mantenían y aportaban también a la economía y a la sociedad hispana. Si España hubiese mantenido a esta poderosa sociedad sefardita en sus medios, con todos sus intelectuales y con todos sus caudales y medios para administrarlos, tal vez la historia sería otra. Con todas las riquezas y todos los recursos que España obtuvo en América y en otras colonias conquistadas, hoy por hoy sería la potencia mundial más grande y rica que jamás haya existido. Al expulsar

---

[102] Toro, Alfonso. *Los Judíos en la Nueva España*. México, Archivo General de la Nación-Fondo de Cultura Económica. 1932. Introducción de la obra, p. XX.

a los judíos de sus territorios estaban expulsando también a los intelectuales y a los expertos capaces de administrar estos recursos. Eugenio Fernández Méndez nos dice:

> La pérdida política que para España significó la salida de los judíos y musulmanes es inconmensurable. Aun cuando los números de emigrados no son de considerable magnitud, la habilidad de recursos, inteligencia y pericia comercial y financiera de los que se vieron obligados a dejar a España produjo un vacío difícil de llenar. […] Con la expulsión de moros y judíos la economía española quedó desatendida en sectores importantes. Las Cortes incluso, consecuentes con su celo religioso, consideraban la usura como un pecado y pidieron al rey la expulsión de los banqueros, tachándolos de plaga que arruinaría la nación. Era la Edad de la Fe, opuesta a la comercialización y desarraigo secularizante de la industria y la ciencia.[103]

Hay otros autores que concuerdan con Fernández Méndez. Veamos:

> Al finalizar la Reconquista, Fernando e Isabel le dieron un ultimátum a los judíos: tenían cuatro meses para convertirse al cristianismo o debían salir de España. Como resultado de la intolerancia y la expulsión de los judíos y los musulmanes, España se empobreció culturalmente, ya que aquellos grupos habían aportado al desarrollo de la literatura y del idioma español; habían realizado técnicas y avances agrícolas y arquitectónicos; habían desarrollado la banca y el comercio.
>
> Los reyes católicos creyeron que el fortalecimiento de la monarquía debía estar acompañado por la pureza religiosa y esto tuvo consecuencias económicas y religiosas negativas; los expulsados eran banqueros, artesanos y trabajadores que aportaban de diferentes maneras a la economía peninsular.[104]

---

[103] Fernández Méndez, Eugenio. *Historia Cultural de Puerto Rico.* San Juan, Puerto Rico. Ediciones "El Cemí". 1970, pp. 59-60.
[104] Altagracia, Carlos D., Colón Custodio, José D., Lizardi Pollock, Jorge L., San Miguel, Pedro L., Severino Valdez, Carlos E. *Sociedades de América: continuidad y cambio.* San Juan, Puerto Rico. Editorial Norma. 2003, pp. 60-61.

España inició su declive económico, político y social con la expulsión de sus judíos. Perdió la oportunidad de convertirse en una potencia mundial de primer orden. De la misma manera que otros grandes imperios y civilizaciones que la precedieron, decayeron y perdieron poderío y riquezas al tratar de aniquilar a los hebreos y sus leyes, así decayó España y no pudo prevalecer, aun con toda la riqueza que logró acumular.

Mientras ocurre toda esta vorágine contra los judíos sefarditas, aparece un personaje que se convertirá en el protagonista de una nueva serie de eventos históricos que se ciernen sobre España, sobre los judíos y sobre el mundo como se conocía en aquel entonces. Figura controversial, enigmática y de origen incierto, llega a ser el eje central de los acontecimientos que cambiarán el rumbo de la vida de individuos, naciones, estados y pueblos. Hace su aparición en la historia, Cristóbal Colón iniciando un nuevo ciclo histórico en la vida de los judíos sefarditas y de toda América.

PERIODO DE CONQUISTA Y COLONIZACIÓN

Cristóbal Colón

Una de las figuras más controvertibles y enigmáticas en la historia de la humanidad ha sido Cristóbal Colón. Es uno de los personajes que más llama la atención. Se han escrito un sinnúmero de libros, artículos y reseñas, así como decenas de películas y documentales sobre este personaje, se han edificado cientos de estructuras que llevan su nombre, así como monumentos y esculturas en su honor; sin contar la infinidad de calles, plazas y avenidas que llevan su nombre dado que la figura de Cristóbal Colón es tema obligado cuando se habla de la llegada de los europeos a tierras occidentales. Esto lo convierte en una figura universal. Estelle Irizarry comenta lo siguiente:

> No hay figura que nos pertenezca a todos los países del mundo hispánico más que Cristóbal Colón, cuyo semblante de ícono consagrado por más de 500 años nos saluda con escultórica familiaridad desde plazas, parques y edificios. [105]

Su origen ha sido tema de muchas especulaciones ya que no hay evidencia contundente sobre el particular. Aunque el origen del personaje de Cristóbal Colón no es el eje central del tema en cuestión, algunos aspectos importantes son dignos de mencionarse para entender algunos de los acontecimientos ligados a él en el evento de su llegada al hemisferio occidental y su relación con este tema de estudio. La teoría más conocida es la de su origen genovés (italiano), pero también se ha dado a la fama la teoría de un origen judaico.

---

[105] Estelle Irizarry. *El ADN de los escritos de Cristóbal Colón.* Colombia, Ediciones Puerto. 2009, p. 7.

Su origen se ha convertido, para algunos, en un enigma ya que muy poca información o datos se conocen del origen del navegante a quien se le ha vinculado estrechamente con importantes personalidades judías de la época. Muy poco se conoce de este importante personaje del cual hay constancia de que aparece por primera vez en Lisboa, Portugal cuando tenía aproximadamente unos veinticinco años y con un amplio conocimiento de navegación. Se piensa que pudo haber sido de origen catalán, gallego, portugués o judío. Con relación a ese origen incierto del insigne navegante nos dice Simon Wiesenthal lo siguiente:

> La historia de los orígenes de Colón se caracteriza por las contradicciones debidas sobre todo a él mismo y a su familia. […] Inmediatamente después de la muerte de su padre, manifestó Hernando Colón que no había podido dar con ningún pariente ni en la ciudad de Génova ni en los alrededores. Pero esa declaración es ya sospechosa de parcialidad, toda vez que, apenas muerto el descubridor, empezaron a disputárselo dos naciones, España e Italia, ansiosas ambas de contarlo entre sus hijos.[106]

Wiesenthal habla de lo "sospechosa de parcialidad" que es la declaración del hijo de Cristóbal Colón, Hernando Colón, quien no pudo dar con el paradero de ningún pariente de su padre en Génova, la ciudad que es considerada por la mayoría, como la ciudad de origen del insigne navegante. La sospecha está fundamentada en el hecho de que Colón pudiese tener un origen judío y al convertirse al cristianismo y hacerse converso lo ocultara para no caer en la mira de la Inquisición y para no poner en riesgo a su familia. Sobre esto Wiesenthal comenta:

> El propio Colón tuvo gran interés en que el mundo, e incluso parte de su familia, ignorara su procedencia. Las pocas veces que

---

[106] Simon Wiesenthal, *Operación Nuevo Mundo: la misión secreta de Cristóbal Colón.* Barcelona, España, Ayma, S.A. Editora, 1976, p. 98.

se refirió a tal asunto, lo hizo de un modo confuso. Las indicaciones que dio Colón sobre sus orígenes se contradicen sensiblemente con los documentos oficiales italianos y las teorías españolas. En cuanto a la fecha de su nacimiento, de considerar todas las referencias del propio Colón, nos moveríamos entre 1447 y 1453. Pero sus declaraciones más precisas, las contenidas en actas judiciales, inducen a muchos a situarla entre el 25 de agosto y el 31 de octubre de 1451, de acuerdo a la versión italiana.[107]

Una de las razones por las que no hay detalles precisos de su origen puede ser por su condición de converso. El proceso de conversión al cristianismo conllevaba, en la gran mayoría de los casos, el cambio de identidad comenzando por abandonar su nombre judío y adoptar uno cristiano como muestra de que se dejaba atrás todo vestigio hebraico, y se entraba a una nueva vida cristiana dentro de la fe de la Iglesia. Para ello se adoptaba un nombre cristiano o alusivo al santoral de la Iglesia. Esa podría ser la razón por la que no hay indicios claros y firmes sobre quien era Cristóbal Colón, ni de que haya registros precisos de su nacimiento, ni de su lugar de origen, dado que tal vez, originalmente, no era ese su nombre real, sino un nombre cristiano que adoptó al hacer conversión al cristianismo. Simon Wiesenthal arroja luz sobre este particular:

> El nombre de pila Christophorus – portador de Cristo – era adoptado por numerosos judíos al bautizarse. Algunos investigadores ponen en relación tal uso con el origen del descubridor de América. Esas especulaciones con su nombre van aún más lejos. Se ha hecho hincapié en que Colombo significa paloma, símbolo del espíritu santo y del acto del bautismo para la Iglesia Católica.[108]

También se sustenta el hecho de que sus escritos, dirigidos en especial a sus hijos, contenían elementos secretos alusivos a su

---
[107] Ibíd.
[108] Ibid., p. 123.

origen hebraico convertido en criptojudaísmo.[109] Según Estelle Irizarry, Colón era poeta y es considerado el autor de lo que se conoce como *El Libro de las Profecías*. Esta es una obra en la que Colón muestra un profundo apego a la fe cristiana, pero de forma oculta revela el sentimiento judío que permeaba en él. Irizarry nos comenta al respecto:

> A todas luces, el *Libro de las Profecías* es un proyecto católico escrito en latín en un monasterio con el propósito profeso de honrar a Cristo y a los Reyes, pero creo que oculta lo que es en realidad un proyecto pedagógico hebraico para su hijo Fernando en aproximadamente la misma época de su introducción de los caracteres hebreos *bet hei*[110] en sus cartas a Diego descubierta en 1928 según Villar y señalados por Nito Verdera.[111]

En la obra también aparecen dibujados varios *maniculum*, conocidas en las sinagogas como yad, son pequeñas manos que señalan alguna parte del texto (☞). De todas las cosas lo que más llama la atención en los escritos de Colón son las siglas que aparecen en algunos textos al lado de su firma y que denotan un mensaje encriptado. Las siglas son las siguientes:

$$\begin{array}{ccc} & A & \\ X & M & Y \end{array}$$

Nos dice Estelle Irizarry sobre estas siglas, que son la clave para reconocer la unicidad de Di-s negando la Trinidad, base de la fe cristiana. Así lo explica esta autora:

---

[109] El término criptojudío se usa para designar a aquellas personas que declaran públicamente observar una creencia o fe, en su mayoría al cristianismo, y en secreto mantienen su adhesión al judaísmo.
[110] Bet y Hei son los nombres de dos letras hebreas correspondientes al BH de las cartas de Colón. En caracteres hebreos son בה que significa Baruch Ha Shem (Bendito el Nombre, en alusión al nombre de Di-s).
[111] Estelle Irizarry. *El ADN de los escritos de Cristóbal Colón.* Colombia, Ediciones Puerto. 2009, p. 56.

> Mi propia opinión es que Colón se aprovecha de la ambigüedad para probar un atrevido juego de doblez. Un buen cristiano no acudiría a un autógrafo para anunciar su fe. Un criptojudío sí, pero más bien para ocultar su fe, como hizo con los profetas, detrás de un cristianismo aparente. Las letras constituyen la plegaria más sagrada, antigua y repetida del judaísmo: "Sh'ma Yisroel" (atiende Israel) en perfecta triada. La "X" se pronunciaba *sh*, y siguiendo a la derecha del lector al lado está la "M" con la "A" encima (subvirtiendo el orden correcto de santiguar, que sería A-M-X-Y). La subversión no termina allí, el que conoce la plegaria sabe que la próxima línea dice "el Señor es nuestro Di-s y el Señor es uno", de modo que el triángulo del Sh'ma es el pórtico a la negación de la Trinidad.[112]

Si es cierta la teoría que afirma que Colón era converso, pero que siguió practicando su fe hebrea en secreto, no cabe duda de que esto también pudiera ser cierto.

De toda la obra de Cristóbal Colón lo que más destaca son los viajes realizados para lograr conseguir una nueva ruta comercial con la India y la China. Es conocido por la gran mayoría, que buscó patrocinio en diferentes lugares y de diferentes personas para lograr este propósito. Comenzando con Portugal, país de gran tradición marinera y lugar donde vivió por algún tiempo, Colón se familiarizó con los documentos, mapas y cartas de navegación que allí existían. Desde los días de Enrique el Navegante,[113] Portugal contaba con una extensa cultura de navegación que le otorgó el prestigio de convertirse en una gran potencia en los mares. Fue el infante Enrique quien fundó la escuela de navegación portuguesa, conocida como Escuela de Sagres, en la parte suroeste del puerto de San Vicente en Portugal. En esta escuela se destacó el cartógrafo mallorquín de origen judío, Jehuda Cresques,

---

[112] Ibíd., p. 60.
[113] Enrique el Navegante (1394-1460) fue infante en el reino de Portugal. Fundó en Sagres un centro de estudios náuticos, geográficos y astronómicos en el que se formaron grandes navegantes y cartógrafos de la época.

también conocido como Jaume Riba o Maestre Jaime de Mallorca.[114] Sobre este personaje nos dice Meyer Kayserling:

> Mestre Jaime o James, early gained the reputation of a great mathematician, and was very skillful in the manufacture of maps and nautical instruments. His real name was Jehuda Cresques. He was the son of Abraham Cresques of Palma, the capital of Mallorca, which since the thirteenth century had been the chief seat of nautical knowledge. Here, in the home of Raymond Lull, whose *Arte de Navegar,* even in Columbus' time, was considered the best nautical treatise; cartography was a special object of study; and, as Gabriel Llabrés y Quintana, the learned vice-president of the Luliana in Palma de Mallorca, it was almost entirely in the hands of the Mallorcan Jews.
>
> Jehuda Cresques was so prominent in this art, to which he had devoted himself from early youth that the people called him "the map-jew" or the "the compass-jew", just as his friend Moses Rimos, or Raymundo Barthomeu, was popularly known as *el pergaminero*. The maps of Jehuda Cresques were highly prized, not merely by navigators, but also by kings and princes.[115]

Cristóbal Colón estudió en las escuelas de navegación de Portugal. Conocía a cabalidad los trabajos de los Cresques y otros cartógrafos y navegantes de la época. Esa gran influencia fue lo que lo movió a aventurarse en busca de nuevas rutas comerciales

---

[114] Jehuda Cresques (1350-1427) conocido también como Jafuda Cresques y Jaume Riba. Reconocido cartógrafo catalán de origen hebreo posible coordinador de los descubrimientos marítimos de la escuela de navegación portuguesa de Sagres. Hijo de Abraham Cresques, de origen mallorquín. Se cree que junto a su padre fue el autor del famoso Atlas Catalán de 1375. Luego de su conversión al cristianismo en 1391, adoptó el nombre de Jaume Riba y fue nombrado coordinador portugués de la cartografía de la escuela naval de Sagres al inicio de la década de 1420.

[115] Kayserling, Meyer. *Christopher Columbus and the participation of the Jews in the Spanish and Portuguese discoveries.* Albuquerque, New Mexico, USA. Hubert Allen and Associates, 2002, pp. 5-6.

hacia el oriente como alternativa a la falta de una ruta accesible y segura a esa región. Kayserling nos dice sobre esto:

> He (Columbus) wished to find a new ocean route to the regions of Cathay and Cipango, wish was reputed to be rich in gold and spices; and also to the realm of the priest-king John, whose letter to the Pope Eugene IV or to Emperor Frederick III, a Jew is said to have first published in the middle of the fifteenth century. Henry the navigator had already conceived a similar plan, and the Portuguese kings never lost sight of it. This bold conception took firm root in the mind of Columbus, mainly through a letter which the great Florentine physician and astrologer Toscanelli sent to King João through the monk Fernando Martinez. Columbus applied to Toscanelli for a copy of this letter, and received it through Girardi, a Genoese, who was then living in Lisbon.[116]

Otros cartógrafos y navegantes influyeron también en Cristóbal Colón quién era un ávido estudioso de la cartografía y de la literatura científica existente en la época. Su deseo de realizar esta hazaña lo movía cada vez más a leer e investigar sobre los documentos, mapas y las posibles rutas que lo llevarían a alcanzar tal éxito.

La idea de llegar a las tierras occidentales, atravesando la mar Océano, como se le conocía al Atlántico, daba vueltas en la mente de Colón y fue creciendo a medida que seguía recibiendo información de diferentes fuentes, al respecto. Él tenía conocimiento de las crónicas de los vikingos quienes desde el siglo IX ya visitaban tierras occidentales llegando hasta lo que hoy conocemos como Groenlandia. Hay dos fuentes vikingas donde se narra el encuentro de los vikingos con el territorio que designaron Vinland. Estas son la *Saga de los Groenlandeses* escrita finalizando el siglo XII y la *Saga de Erik el Rojo* para inicios del siglo XIII.

---

[116] Ibíd., p. 15-16.

En ambas se relatan los acontecimientos que llevaron a los vikingos a las tierras occidentales y cómo se establecieron allí.[117] No se sabe a ciencia cierta si Colón tuvo acceso a estos documentos, lo cierto es que esto lo descarta a él como el descubridor de América, sin tomar en consideración la presencia de aborígenes, ya en diferentes regiones del hemisferio occidental.

Colón también era asiduo lector de las obras de Marco Polo, tanto, que las narraciones de este sobre China y demás regiones aledañas, las convirtió en una especie de biblia personal. Simon Wiesenthal nos dice:

> El descubridor de América conocía y conservaba la obra de Marco Polo. Al igual que los demás libros, la había leído a fondo. Cuando busca apoyo para sus planes, describe las tierras asiáticas tal y como aparecen en la relación del veneciano.[118]

En estas obras leyó sobre las tierras que llamaban Cipango y Catay[119] y de cómo se producían en estos lugares las especias que tanto gustaban y se necesitaban en Europa. Marco Polo hablaba de la presencia de hebreos en la Costa del Malabar, lo que hoy es Kerala en la India. También del principado de Cranganore, regido por soberanos de linaje judío cuyo fundador fue Josef Rabban. Marco Polo también menciona el reino de Kulam en la India. Wiesenthal nos dice que este lo describe como que en ese lugar "viven muchos hebreos y cristianos que hablan en sus propias lenguas".[120]

---

[117] Gil, Juan. *"La geografía del descubridor Cristóbal Colón"*, Historia, National Geographic, núm. 80, (enero 2012), p. 62.
[118] Simon Wiesenthal, *Operación Nuevo Mundo: la misión secreta de Cristóbal Colón*. Barcelona, España, Ayma, S.A, Editora, 1976, p. 160.
[119] Williams, Eric. *From Columbus to Castro, the History of the Caribbean*. First Vintage Books Edition, 1984, p. 19.
[120] Simon Wiesenthal, *Operación Nuevo Mundo: la misión secreta de Cristóbal Colón*. Barcelona, España, Ayma, S.A. Editora, 1976, p. 159.

Esto es motivo para pensar que los hebreos de España depositaron su confianza en esta gesta de Colón para alcanzar esas tierras habitadas por hebreos en la India y en oriente ya que le servirían de refugio en el momento álgido de la expulsión.

Además, existía una leyenda que narraba cómo un grupo de tribus llamado los "pueblos inmundos",[121] de los que se decía que eran antropófagos y de costumbres salvajes, y que habían sido agrupados por Alejandro Magno tras lo que se conoce como la puerta de Alejando en las fronteras de China e India. Esta leyenda se adaptó a las creencias de la Edad Media en las que se decía que esos pueblos eran las diez tribus perdidas de Israel.[122] Es por eso que en la cartografía de la época que manejó Colón, aparecen como los *Iudei clausi* (los judíos encerrados) en el área de Asia nororiental.[123]

Colón estuvo casado con María Moñiz, hija de un italiano de nombre Perestrello que se había nacionalizado en Portugal. La viuda de Perestrello facilitó a Colón las cartas, manuscritos y diarios de su difunto esposo, que contenían valiosa información sobre viajes de navegación a tierras en el occidente. También influyó en él la lectura del *Imago Mundi* de Pedro de Ailly,[124] en

---

[121] Epíteto que muchas veces se le ha dado al pueblo hebreo por sus detractores.

[122] En el año 932 a.e.c. y luego de la muerte de Salomón, rey de Israel, el reino se dividió en dos. Las tribus del sur pasaron a constituir el reino de Judá, con Jerusalem como capital y las tribus del norte se convirtieron en el reino de Israel teniendo a Samaria como capital. Hacia el año 721 a.e.c. el reino de Israel fue invadido por Asiria quienes los llevaron cautivos y dispersos por diferentes partes de Asia Menor, el Mediterráneo y Europa. Nunca más regresaron a su tierra por lo que hasta el día de hoy se consideran, por algunos historiadores y teólogos, como las Diez Tribus perdidas de Israel. 1 Reyes 12, La Biblia. Antigua versión Casiodoro de Reina (1569). Revisada por Cipriano Valera (1602).

[123] Gil, Juan. *"La geografía del descubridor Cristóbal Colón"*, Historia, National Geographic, núm. 80. (enero 2012), p. 62.

[124] Científico y teólogo francés nacido en Compiègne, 1350. Canciller de la Universidad de París, el antipapa Juan XXIII le nombró cardenal en 1411. Promovió la celebración del Concilio de Constanza (1414-1418), para finalizar con el Cisma de Occidente. Escribió el *Imago Mundi* (1410), tratado cosmográfico en el que defendía la esfericidad y la rotación de la Tierra y que influyó en las ideas de Colón para buscar nuevas rutas comerciales.

el cual se presentaba un cálculo aproximado entre las costas del oeste de Europa y las del oriente asiático.

Colón desarrolló un proyecto de viaje a las costas asiáticas que presentó ante el rey de Portugal. Este también fue presentado a su vez a la *Junta dos Mathematicos* de Portugal, la cual contaba con cosmógrafos ilustres de Portugal. Este dato nos lo brindan Pérez–Embid y Verlinden, veamos:

> Sin embargo, Juan II era un soberano prudente y no quiso comprometerse a la ligera. Remitió a Colón a la Junta dos Matemáticos, que él acababa de constituir, bajo la presidencia de Diogo Ortiz de Vilhegas, obispo de Ceuta. Otros de los miembros más importantes eran los sabios judíos Maestre Rodrigo, que había perfeccionado el astrolabio -el sextante de la época-, y Maestre José Vizinho, experto también él en astronomía náutica. Aquellos hombres sabían que las longitudes y las distancias de las que hablaba Colón eran erróneas. Sin duda, ellos mismos tampoco conocían las longitudes y distancias verdaderas, pero su saber era suficiente para entender que los cálculos de Colón eran falsos. En vista de ello, aconsejaron a Juan II que rechazase la demanda.[125]

Al no ser aceptado su proyecto en la corte portuguesa, Colón se dirige a España. No hay nada escrito de él en ningún registro hasta principios de 1485 cuando llega al puerto de Palos. Llegado el momento se presenta ante la corte española a presentar su proyecto de exploración de nuevas rutas. Fernando de Aragón e Isabel de Castilla son los regentes en ese momento. Es con ellos que Colón se presenta con su idea de seguir la ruta hacia occidente basándose sus argumentos de la redondez de la tierra que ya co-

---

[125] Pérez-Embid, Florentino y Verlinden, Carl (2006): *Cristóbal Colón y el descubrimiento de América*, Ediciones Rialp, Madrid, p. 41.

nocía por sus lecturas de los escritos de Toscanelli y de los escritos bíblicos como los del profeta Isaías y los Proverbios del rey Salomón que hacen alusión a la esfericidad de la Tierra.[126]

De ambos reyes, fue Fernando el que mayor interés demostró en las ideas de Colón de trazar la ruta al oeste. Tal vez esto se debe a que el monarca venía de estirpe judía. Daniel Mesa Bernal comenta lo siguiente:

> Era de esperarse que Fernando de Aragón demostrara buena disposición por los judíos pues, además de ser biznieto de una judía de legendaria belleza, Paloma de Toledo, su padre Juan de Aragón, había sido benefactor y amigo de los hebreos, entre otros motivos por su reconocimiento con el médico Abieter Aben Cresques, que lo había librado de la ceguera.
>
> Era conocida la ascendencia sefardita del rey católico y este era ostensiblemente deferente con la gente de la estirpe de su madre y según don Salvador de Madariaga "Cuando Juan II envió a su hijo Fernando a Sicilia como rey, le había organizado un Consejo compuesto en su gran mayoría de cristianos nuevos; cuando Fernando volvió a la Península para encargarse de la Corona de Aragón, aumentó todavía la influencia y el número de los conversos, cinco hermanos Sánchez, hijos de un judío bautizado, se vieron confiar cinco altas funciones de Estado, entre ellas las de Baile General de Aragón, Gran Tesorero y Maestro de Ración; y téngase en cuenta que hasta aquí solo se trata de meros ejemplos en la larguísima lista de altos funcionarios neocristianos que rodean al rey. En lo militar, Fernando el Católico confió a los conversos los tres cargos de más confianza del país; las plazas de Perpiñán y de Pamplona y el Mando de la flota de Mallorca. La Iglesia de Aragón estaba dominada por los

---

[126] Isaías 40:22: "Él está sentado sobre el **círculo** de la tierra, cuyos moradores son como langostas; Él extiende los cielos como una cortina, los despliega como una tienda para morar." Proverbios 8:27: "Cuando formaba los cielos, allí estaba yo; cuando trazaba el **círculo** de la tierra sobre la faz del abismo." La Biblia. Antigua versión Casiodoro de Reina (1569). Revisada por Cipriano Valera (1602).

conversos tanto como el Estado o más. El camarero del rey, Cabrero, era converso.[127]

Fernando de Aragón estaba en deuda con los judíos por el hecho de que gracias a ellos se logró su unión matrimonial con Isabel de Castilla. Aunque a ambos se les conoce como los Reyes Católicos. Fue a causa de la intervención de varios judíos que se logró esta alianza matrimonial. Kayserling comenta lo siguiente sobre esto:

> The accomplishment of this marriage was materially promoted by the Jews and Marranos, for it was assumed that Ferdinand would, like his father, be friendly towards the Jews, especially as he himself had inherited Jewish blood from his mother. Don Abraham Senior was particularly prominent in the matrimonial negotiations. He was a rich Jew of Segovia, who awing to his sagacity, his eminent services, and his position as the king's chief farmer of taxes, exerted great influence. He urged the grandees of Castile to support the proposed marriage between the Princess Isabella, who had many suitors, and the distinguished Ferdinand of Aragon, who was already king of Sicily, and who even in his early youth, had displayed much valor. Although Don Abraham met with violent opposition from a part of the Castilian nobility, he induced the prince to make a secret journey to Toledo.[128]

Queda evidenciado que la simpatía de Fernando hacia los hebreos es a causa de su parentesco y de sus relaciones con este linaje. Es por esa razón que el escudo de Aragón lleva un león como emblema, siendo el león representativo de la tribu de Yehuda (Judah). No mostraba reservas al relacionarse con ellos y al darles pues-

---

[127] Mesa Bernal, Daniel. *Los judíos en el descubrimiento de América.* Repertorio Histórico de la Academia Antioqueña de Historia. 1989. Núm. 252, vol. 38.
[128] Kayserling, Meyer. *Christopher Columbus and the participation of the Jews in the Spanish and discoveries.* Albuquerque, New Mexico, USA. Hubert Allen and Associates 2002, pp. 4-25.

tos de alta confianza en su corte. Así que, cuando Cristóbal Colón se presentó a su corte con su proyecto de nuevas rutas alternas, Fernando se mostró atraído por esta hazaña que planeaba el navegante.

Aunque la corona española se interesaba en el proyecto colombino, no tenía los suficientes fondos para patrocinarlo. No solo el rey Fernando de Aragón se mostró interesado en las ideas de Colón, también los judíos prominentes de la época, conversos y los no conversos, se interesaron en sus planteamientos. Varios judíos acaudalados en Sefarad, ofrecieron parte de sus bienes para sufragar los gastos de Colón en sus viajes. El interés de los hebreos era evidente. No solo tenían interés en la búsqueda de rutas comerciales, sino también en la búsqueda de nuevos territorios para un nuevo comienzo en un nuevo lugar, libre de prejuicios, persecuciones religiosas y del brazo inquisitorial.

Los principales banqueros de la época eran de estirpe judía. Luis de Santangel es uno de los más renombrados en esta época, y fue él uno de los que financió la gesta de Colón. A él se sumaron otros como Don Isaac Abravanel, que también mostraron interés en salvaguardar sus intereses financieros y personales con el fin de sobrevivir a lo que se avecinaba. Sobre Abravanel, Stephen Birmingham añade lo siguiente:

> Where he first plotted his course, Columbus used charts prepared by Judah Cresques, known as "the map Jew", head of the Portuguese School of Navigation in Lisbon. The almanacs and astronomical tables that Columbus gathered for the trip were compiled Abraham Ben Zacuto, Jewish professor at the University of Salamanca. It was Señor Zacuto who introduced Columbus and the officers of his expedition to the prominent Jewish banker Don Isaac Abravanel, who was one of the first to offer Columbus financial backing.[129]

---

[129] Birmingham, Stephen. *The Grandees. The Story of America's Sephardic Elite*. Dell Publishing Co., Inc. New York, New York. 1972, p. 36.

Fue Don Isaac Abravanel quien utilizó sus influencias para conseguir el patrocinio financiero de otros judíos prominentes como Luis de Santangel, Gabriel Sánchez, Alfonso de la Caballería y Abraham Senior, el mismo que intervino para que Isabel y Fernando llegaran al altar matrimonial. Fue bajo el auspicio de estos banqueros judíos que Colón logró su viaje en ruta a occidente bajo la bandera de España. Es por eso que al regresar de su primer viaje dio un informe completo a estos banqueros.[130]

El 31 de marzo de 1492, se había firmado el edicto de expulsión y la fecha límite para que los judíos abandonaran el reino de Castilla y Aragón era el 2 de agosto de 1492. El mismo día que zarpa Colón del puerto de Palos salen las naves que llevaban a los judíos a sus nuevos rumbos, algunos ya prefijados, otros sin rumbo fijo. Cecil Roth nos dice y citamos: "La relación entre los judíos y el descubrimiento de América no fue tan solo esta fortuita coincidencia"[131], con lo que cabe pensar en la posibilidad de que algunas de esas naves repletas de judíos, siguieran a los tres navíos de Colón, para que este los guiara a una nueva ruta donde encontrar un refugio seguro, lejos de la Inquisición española y europea.

En este primer viaje de Colón la tripulación contaba con la presencia de algunos judíos. Mucho se ha dicho que en la tripulación de Colón había presidiarios a quienes la Corona les permitió viajar en la expedición y se piensa que eran criminales que habían cometido viles delitos, lo que no se dice es que eran personas que estaban encarcelados por su condición de judíos, que por las leyes de la Inquisición estaban esperando juicio o sentencia o ya habían sido sentenciados. Otros viajaron en calidad de tripulación normal o para cumplir con alguna misión en el viaje. Entre ellos se menciona a Alonso de la Calle, Rodrigo Sánchez quien era superintendente en la expedición por órdenes de la

---
[130] Ibid.
[131] Roth, Cecil. *Los Judíos Secretos, Historia de los Marranos* Altalena Editores. S. A. Madrid, España. 1979, p. 185.

reina. Así también Rodrigo de Triana el primero en avistar tierra, era un marinero marrano.[132] Maestre Bernal actuó como médico en el viaje al igual que un tal Marco que era cirujano.[133] Se hace especial mención de Luis de Torres, intérprete que dominaba el arameo y el hebreo. Su nombre hebreo era Yosef Ben Haleví Haivrí, (Yosef hijo de Levi el Hebreo). Bautizado antes de salir de España, fue el primer europeo que puso pie en la nueva tierra y como dato curioso fue el primero que hizo uso del tabaco, planta que se siembra en el nuevo continente y que era utilizada por los nativos como energizante y en algunos casos como estupefaciente. Más adelante recibió concesiones de tierra en Cuba donde vivió hasta su muerte.[134] Sobre Luis de Torres, Mayer Kayserling nos dice:

> Among the explorer's companions whose names have come down to us –the complete list is lost– there were several men of Jewish stock; for example Luis de Torres, a Jew who had occupied a position under governor of Murcia and who was baptized shortly before Columbus sailed. As he understood Hebrew, Chaldee and some Arabic, Columbus employed him as interpreter.[135]

Llama la atención el hecho de que Colón llevara en este viaje a un traductor de hebreo, cuando se suponía que llegaría a la India o a otros territorios donde no se hablaba hebreo. ¿Acaso esperaba llegar a un lugar habitado por hebreos o descendientes de estos? Afirmativamente, el navegante esperaba llegar a tierras

---

[132] El término marrano es uno despectivo que se utiliza para designar a los judíos españoles convertidos al catolicismo y a los descendientes de estos bautizados en la fe católica.
[133] Roth, Cecil. *Los Judíos Secretos, Historia de los Marranos*. Altalena Editores. S. A. Madrid, España. 1979, p. 186.
[134] Kayserling, Meyer. *Chistopher Colombus and the Participation of the Jews in the Spanish and Portuguese Discoveries*. Hubert Allen and Associates, Inc. Albuquerque, New Mexico. 2002, pp. 93-95.
[135] Ibíd., p. 90.

donde había comunidades hebreas para establecer comunicación con ellos y ofrecer a los expulsados de Sefarad un nuevo lugar de refugio y sosiego junto a otros de su mismo linaje.

Más interesante aún resulta el comentario del Profesor David Telias:

> El más conocido fue Luis de Torres: "políglota versado en hebreo y arameo y con conocimientos de la lengua árabe, era el intérprete oficial de la expedición. Se trataba de un cargo honroso e indispensable, ya que lo que se pretendía era llegar al Lejano Oriente viajando por el oeste. De Torres era judeoconverso, y no hacía todavía un año que había recibido el bautismo." Su nombre verdadero era: Yosef Ben Halevy Haivrí, escribió un diario, asentado ya en la Isabela (Cuba) en el nuevo mundo, treinta y un años después que Cristóbal Colón descubre las Indias (América), a la edad de setenta y un años. Allí dice:
>
> "Como yo dominaba varios idiomas, entre ellos el hebreo, fui invitado a acompañar a Cristóbal Colón como intérprete en su viaje. Él pensaba que cuando hubiésemos alcanzado China podía localizar a los exilados judíos de las Diez Tribus Perdidas. Las tres carabelas, La Santa María, La Pinta y La Niña navegaron hasta un viernes en la tarde, dos horas después de mediodía que en calendario judío era el año 5253. Navegamos todo septiembre, celebramos Rosh Hashaná y Yom Kipur. En la vispera canté el Kol Nidré, voces de La Pinta y La Niña se juntaron a mí en oración. Cuando terminé el Kol Nidré, Colón me llamó: ¿No es paloma uno de los símbolos del pueblo judío? -preguntó- el nombre de mi familia, Colombo, quiere decir paloma…. No estamos navegando en este barco en vano… en el mismo día que los judíos fueron expulsados de España, ese mismo día se me dio oportunidad para ir en la búsqueda de nuevas tierras, cruzando este oscuro y terrible océano…".
>
> Y luego continúa: "Me di cuenta a los pocos días que delgadas ramas con hojas ovaladas flotaban cerca de nuestros barcos, eran de sauce y así pudimos cumplir con la mitzvá (obligación) de Hoshaná Rabá.

> Pasamos toda esa noche recitando Tehilim con Rodrigo de Triana a la luz de la luna.[136]

No cabe duda de que tanto Cristóbal Colón como Luis de Torres eran conversos que aún guardaban un apego cercano a sus raíces hebreas. Colón hace alusión a que su apellido es Colombo que significa paloma, que no solo es uno de los símbolos del pueblo hebreo, sino que también fue el ave que Noé envió en última instancia para confirmar que había tierra seca, luego del diluvio. Entre líneas, Colón le está diciendo a Luis de Torres que él, con certeza, sabe que hay tierra segura donde asentarse.

El primer viaje de Cristóbal Colón se logró gracias a las aportaciones y patrocinios de los judíos de la época, así como a la cartografía y los escritos de navegantes y científicos judíos y no judíos, en los cuales se fijó este navegante para alcanzar su objetivo. Por esa razón, a quien Colón informa primero de los detalles de su viaje es a Luis de Santangel y Gabriel Sánchez. Simon Wiesenthal establece que al regresar a España se detuvo en las islas Azores desde donde envió en un barco rápido, las noticias de todo lo que había encontrado en su viaje a sus patrocinadores. Estos a su vez lo transmitieron a Isabel, reina de Castilla y a Fernando rey de Aragón, los reyes católicos, quienes desde ese momento tomaron el control de los destinos de las nuevas tierras.[137]

El panorama cambió totalmente. Desde ese momento ya no existía la duda de que la ruta a occidente era real y que era viable para rutas comerciales. Los nuevos territorios encontrados son del interés, no solo de España, sino de otros estados europeos que también desean tener parte de la riqueza hallada, contando además a la Iglesia que mostrará también mayor interés en estos nuevos territorios. Esto condujo a una serie de eventos y situaciones que cambiaron en definitiva la conformación del mundo en

---

[136] http://www.ort.edu.uy/facs/boletininternacionales/contenidos/82/davidtelias82.html
[137] Simon Wiesenthal, *Operación Nuevo Mundo: la misión secreta de Cristóbal Colón*. Barcelona, España, AYMA, S.A. Editora, 1976, p. 161.

aquel momento. No cabe duda de que Cristóbal Colón fue el protagonista de una de las más grandes empresas que jamás se haya visto en la historia de la humanidad con todas las repercusiones que ello implicó.

La colonización

Con la llegada de Cristóbal Colón al hemisferio occidental, se abre un nuevo capítulo en la historia de los judíos sefarditas y en la historia de occidente y de Europa. Los nuevos territorios dan como alternativa viable, un nuevo espacio de refugio tanto para los conversos perseguidos por la inquisición, como para los judíos que permanecían firmes en su ancestral fe, pero que ya no tenían ninguna garantía de seguridad en la península Ibérica, ni en Europa. Si bien, muchos de los expulsados de España se dispersaron por territorios del norte de África y otros por regiones de Medio Oriente, incluyendo Eretz Israel. Otros muchos, de estirpe judía, llegaron a los territorios recientemente reclamados para la Corona española en los territorios occidentales. Cecil Roth lo expresa así:

> Posiblemente en parte, a fin de escapar de la atención de la Inquisición, pronto se dieron cuenta los marranos de las posibilidades del Nuevo Mundo si se trasladaban a él como colonos… En vista de la dificultad de hallar refugio en parte alguna de Europa, pusieron su pensamiento, naturalmente, en el Nuevo Mundo. Esta tierra de doradas oportunidades, en las que los habitantes de las regiones menos prósperas de la Península podían esperar mejor fortuna. Además, en este virgen campo de asentamiento donde eran totalmente desconocidos, confiaban en poder iniciar una nueva vida.[138]

Esto trajo un nuevo problema para la Corona. Cuando se da la noticia de la existencia de las nuevas tierras occidentales, se crearon grandes expectativas entre los judíos de la península y

---

[138] Roth, Cecil. *Los judíos secretos: historia de los marranos.* Madrid. Altalena Editores, S.A. 1979, pp. 186-187.

de otras regiones de Europa. Muchos conversos se trasladaron a las nuevas tierras, pues no solo buscaban nuevos horizontes económicos, sino que trataban de huir de la conflictiva y amenazada vida que llevaban en Europa a causa de sus creencias y su linaje.

Muchos judíos, conversos y judaizantes llegan a los nuevos territorios para establecerse y beneficiarse de sus riquezas y recursos. Esta situación hizo que la Corona actuara de inmediato para resolver el problema. Pronto se comenzó a hablar de permitir la entrada solo a "gente limpia", haciendo alusión a personas que no tuviesen la "mancha hebraica" en ellos ni en sus antepasados. Al respecto nos dice Blanca Silvestrini:

> Cada persona que venía a América necesitaba un permiso, como resultado de lo cual se evitaba que ciertos grupos de población llegaran. Se prohibió la entrada de personas de sangre judía y mora y más tarde la de los cristianos nuevos, es decir, aquellas personas cuyos antepasados judíos o musulmanes se hubieran convertido al cristianismo en los últimos doscientos años. Era común la práctica de probar la 'limpieza de sangre' con un documento que certificara que había sido cristiano por años requeridos y que no tenían familiares judíos o musulmanes.[139]

Los Estatutos de Limpieza de Sangre se establecen en España con un fin meramente racial. Aunque se consideraba sumamente importante, no se buscaba tanto la defensa de la fe cristiana, sino más bien preservar un linaje casto, libre de trazas de sangre judía. Con eso presente se legisló sobre este asunto. Antonio Domínguez Ortiz lo asevera así y nos define, en sus términos, en qué consistía la limpieza de sangre:

> La limpieza de sangre no consistía en tener una ascendencia noble. Limpieza y nobleza eran conceptos muy distintos. La sangre limpia se reconocía a quienes tenían

---

[139] Luque de Sánchez, María Dolores, Silvestrini, Blanca G. *Historia de Puerto Rico, Trayectoria de un Pueblo.* Madrid, Ediciones Cultural Panamericana, Inc. 1992, p. 89.

antepasados cristianos; quienes tuvieran un antepasado judío o musulmán, por lejano que fuese, quedaban motejados de conversos, confesos, marranos o cristianos nuevos, nombres todos que se aplicaban a los que tenían *sangre infecta*.[140]

Para el segundo viaje de Colón en 1493 se pensó en legislar sobre este asunto y se consideró enviar en ese viaje a Gómez Tello, alguacil de la Inquisición en Sevilla, para la isla de la Española (hoy República Dominicana y Haití), pero no se pudo concretar tal acción.

Los judíos y conversos comenzaron a llegar como colonos al hemisferio occidental. El ejemplo más claro es el del propio Luis de Torres, el intérprete de Cristóbal Colón, a quien se le dieron concesiones de tierras en Cuba, donde murió. Otros, como él, también se establecieron en el nuevo territorio. La preocupación de la Iglesia y de la Corona hispana no se hizo esperar. Comenzó una campaña para impedir que los cristianos nuevos o conversos y los castigados por la Inquisición, incluyendo a sus descendientes, se establecieran en las nuevas tierras. Juan Gil dice "la legislación podía ser muy dura, pero la práctica resultaba inaplicable"[141]. También nos comenta sobre este asunto Elías Trabulse en el proemio de la obra de Alfonso Toro:

> …las medidas para evitar que los cristianos nuevos pasaran a América resultaron en buena medida inoperantes ante los sobornos, falsificaciones de documentos y las adopciones de nombres ficticios, recursos a los que acudieron los conversos en no pocas ocasiones. […] los judíos gozaron de los beneficios de la tolerancia gubernamental y eclesiástica que les era negada en la metrópoli; ello quizá explique su crecido número.[142]

---

[140] Domínguez Ortiz, Antonio. *Los Judeoconversos en España y América*. Madrid, Ediciones Istmo. 1971, p. 79.
[141] Gil, Juan. *Los Conversos y la Inquisición*. Sevilla, Fundación el Monte. 2006, p. 76.
[142] Toro, Alfonso. *Los Judíos en la Nueva España*. México, Archivo General de la Nación-Fondo de Cultura Económica. 1932. Proemio de la obra, p. 11.

Existían legislaciones y medidas para regular la entrada de personas al nuevo hemisferio y en particular para prohibir la entrada de moros, conversos y judíos. Uno de los mecanismos de los que se valió la Corona fue la implantación de la Casa de la Contratación en 1503. Esta institución se creó, en parte, con el fin de supervisar y regular el tránsito de personas y el comercio entre España y el Nuevo Mundo. Con la Casa de la Contratación se estableció el puerto de Sevilla "como único puerto donde se supervisaba las leyes relativas al comercio, navegación y emigración".[143] Francisco Scarano resume de manera sencilla el propósito de esta:

> La Casa tenía un triple propósito: 1) registrar, autorizar y fiscalizar el comercio y la navegación de las Indias –llevar registros de barcos y mercancías, cobrar los derechos aduaneros y, en general, velar por el cumplimiento de las leyes concernientes al tráfico indiano-; 2) entrenar y certificar, a manera de escuela de navegantes, los pilotos y capitanes de la Carrera, función a la que añadía la de acumular conocimientos geográficos, y 3) llevar un registro de las licencias otorgadas a pasajeros para embarcarse hacia América. La Casa de la Contratación dirigió el monopolio que la ciudad de Sevilla ejerció durante más de dos siglos sobre los contactos entre España y el imperio.[144]

El tercer punto mencionado anteriormente es el que se refiere a la jurisdicción y control que tenía esta institución sobre las personas que podían entrar a América.[145] Los judíos y los nuevos conversos no estaban incluidos entre las personas a las que

---
[143] Williams Eric. *From Columbus to Castro, the History of the Caribbean.* New York, Random House, Inc. 1984, p. 48.
[144] Scarano, Francisco. *Puerto Rico: Cinco Siglos de Historia.* 2da Ed. México, McGraw-Hill/Interamericana Editores, S.A. de C.V. 2000, p. 175.
[145] El nombre América se comenzó a utilizar a principios del siglo XVI, para designar las nuevas tierras con las que Cristóbal Colón se encontró en su primer viaje y que denominó las Indias, pensando que había llegado a oriente. El nombre se le da por Américo Vespucio quien publica unas cartas en las que explica que el nuevo continente no eran islas Indianas sino un nuevo territorio que había estado desconocido por Europa.

se les permitía emigrar a América. La entrada se hizo difícil, aun así, no era imposible. El número de nuevos cristianos y judíos que entraban a los nuevos territorios hispanos iba creciendo cada vez más y comenzaron a desarrollar una economía propia, bastante sólida, por lo que en un momento dado se les permitieron ciertas consideraciones. Cecil Roth comenta:

> En 1509, en el compromiso a que se llegó en Sevilla entre los conversos y la corona, se estipuló específicamente que, a cambio de un pago de 20,000 ducados quedarían aquellos en libertad de ir a las colonias con el propósito de comerciar durante periodos que no excediesen los dos años.[146]

La puerta estaba abierta con la posibilidad de entrada a las nuevas colonias, pero con cierto recelo y condiciones. Varias familias de marranos y judíos lograron el pase a los nuevos territorios, pero esto no duró por mucho tiempo. En 1518 el rey Carlos V, sumamente celoso de la fe cristiana, dio la orden a los funcionarios de Sevilla que impidieran el embarco de conversos y judaizantes.

Es de considerarse también que, con el Edicto de Expulsión de 1492, muchos judíos no abandonaron del todo la península Ibérica ya que emigraron a Portugal y se refugiaron allí. Cuando Cristóbal Colón llegó a las Indias Occidentales, España y Portugal firmaron el Tratado de Tordesillas lo que otorgaba a Portugal los derechos sobre el territorio que hoy conocemos como Brasil en Sur América. Muchos de los judíos que se refugiaron en Portugal en la expulsión del 1492, emigraron a América a través del territorio de Brasil y se da más la emigración de estos cuando se unifican España y Portugal en el crisol de la Inquisición, también se expulsa de esta última a los judíos. En el caso de Brasil, seguir el rastro de judíos se hizo casi imposible. Es un extenso territorio con regiones de vegetación sumamente exuberante y pantanosa,

---

[146] Roth, Cecil. *Los judíos secretos: historia de los marranos.* Madrid, Altalena Editores, S.A. 1979, p. 187.

lo que permitió el camuflaje de los nuevos inmigrantes judíos a esas tierras. Antonio Domínguez Ortiz dice:

> Cuando se realizó la unión de las coronas de Castilla y Portugal y comenzó el gran éxodo de los marranos portugueses, hallaron en Brasil una base para atravesar fronteras que eran, por su desmesurada extensión, imposibles de vigilar con eficacia.[147]

Aun así, el largo brazo inquisidor llegó a occidente. Comenzó la persecución de los sospechosos y empezaron a darse repatriaciones y enjuiciamientos a aquellos que se consideraban judaizantes, a los sospechosos de criptojudaísmo o a los que daban muestras de renegar del cristianismo. Entre los enjuiciados estaba Hernando Alonso, uno de los que participó junto a Hernán Cortés en la conquista de México. Junto a otro judaizante fue quemado en la hoguera en lo que se conoce como el primer auto de fe celebrado en tierras occidentales. De ahí en adelante los autos de fe se hicieron más frecuentes. El Santo Oficio de la Inquisición ya estaba establecido en tierras americanas.

La isla de San Juan Bautista, hoy Puerto Rico, fue reclamada para España por Cristóbal Colón el 19 de noviembre de 1493, durante el segundo viaje que este realizaba a occidente. Aunque, durante el primer viaje ya se había avistado la isla y se tenía conocimiento de ella, fue en el segundo viaje que Colón registra su encuentro. Su colonización no fue inmediata. La Isla vivió un periodo de relativo sosiego por aproximadamente quince años, hasta que inició el proceso de colonización.

La colonización de Puerto Rico comenzó de lleno a principios del siglo XVI. Fue en sus inicios, un proceso complejo en el que participaron varios personajes. En primer lugar, en 1500 Vicente Yáñez Pinzón había visitado la isla para verificar si había oro en ella y obtener muestras del preciado metal. En 1505 el rey

---

[147] Domínguez Ortiz, Antonio. *Los Judeoconversos en España y América*. Madrid, Ediciones Istmo. 1971, p. 131.

Fernando le otorgó el título de gobernador para que la colonizara, luego de que dejó en las costas de la Isla varios cerdos y cabras para que se reprodujeran, no se presentó a la isla a cumplir con dicha encomienda.[148] Fue para 1508 que Juan Ponce de León inició el proceso de colonización al recibir autorización de la Corona española. Es por eso que se le ha denominado como "el primer gobernador de Puerto Rico".[149]

No podemos pasar por alto que la Corona española estaba en función de la Iglesia y la Iglesia en función de la Corona. Ambas se complementaban. Es por esto que para el año 1511 el rey Fernando pide al Papa Julio II la creación de obispados en los territorios occidentales. El Papa así lo concede; dos en Santo Domingo y otro en la isla de San Juan (Puerto Rico). Con la creación de los obispados se nombran a los primeros obispos. En el caso del obispado de San Juan, el título cae sobre Don Alonso Manso. Don Ricardo Alegría dice sobre él lo siguiente:

> Don Alonso Manso, licenciado en teología, quien había sido capellán del príncipe heredero de España y canónigo de la catedral de Salamanca, fue designado obispo de San Juan. Manso llegó a la Isla el 25 de diciembre de 1512, siendo por tanto el primer obispo en venir al nuevo mundo.[150]

Con Alonso Manso llegaron frailes dominicos para establecer un convento de esa orden en la ciudad de San Juan. Fiel a la encomienda que se le dio, Alonso Manso, fue celoso en la obtención de los diezmos personales para lograr el cometido de establecer el cristianismo en las Américas a través de la Iglesia. Con ese propósito en mente volvió a España. De allá regresó con el título de Inquisidor General de Indias. Diego de Torres Vargas

---

[148] Alegría, Ricardo. *Descubrimiento, conquista y colonización de Puerto Rico, 1493-1599.* San Juan de Puerto Rico, Colección de Estudios Puertorriqueños, 1969, p. 31.
[149] Luque de Sánchez, María Dolores, Silvestrini, Blanca G. *Historia de Puerto Rico, Trayectoria de un Pueblo.* Madrid, Ediciones Cultural Panamericana, Inc. 1992, p. 71.
[150] Alegría, Ricardo. *Descubrimiento, conquista y colonización de Puerto Rico, 1493-1599.* San Juan de Puerto Rico, Colección de Estudios Puertorriqueños, 1969, p. 75.

canónigo de la Catedral de San Juan escribe lo que se conoce como la *Descripción de la isla y ciudad de Puerto Rico* y en ella nos dice lo siguiente sobre el obispado de Don Alonso Manso:

> El dicho Obispo sobre diferencias de los diezmos personales volvió a España y mandándole su Majestad venir a su Obispado le hizo merced del título de Inquisidor, que siendo el primero que hubo en estas partes, podemos decir que lo fue en general en estas Indias, y así de todas ellas se traían los delincuentes y se castigaban quemando y penitenciando que a cuya causa hasta hoy está en pie la cárcel de la Inquisición, y en la Iglesia Catedral hasta la venida del enemigo Holandés Boduyno Enrico, el año 1625, se veían muchos sambenitos colgados detrás del coro.[151]

El trabajo del Obispo Manso como inquisidor siguió su curso como se esperaba y fueron más los autos que llevó a cabo tanto como jefe de la Iglesia en Puerto Rico, así como en casos jurisdiccionales. Al respecto se ha comentado lo siguiente sobre Alonso Manso:

> Como inquisidor, se hizo respetar por los agentes reales e intervino en algunas cuestiones de fe y jurisdiccionales (en éstas

---

[151] Fernández Méndez, Eugenio. *Crónicas de Puerto Rico, desde la Conquista hasta nuestros días*. San Juan, Puerto Rico ediciones del Gobierno. 1967, Vol. I, (188).
El sambenito en sus orígenes fue una especie de saco bendito (porque era previamente bendecido por un sacerdote) que usaban los cristianos primitivos durante su penitencia. Se colgaban sobre el pecho y la espalda a través de una abertura por donde se metía la cabeza. Los monjes benedictinos, de la orden de San Benito (del latín Benedictus que significa bendito), fundada a comienzos del S. VI llevaban una vestimenta similar, un ancho escapulario que portaban por encima del hábito al que se le llamó san benito y luego sambenito por aspiración fonética. En la Edad Media, la Santa Inquisición convirtió los sambenitos en la túnica de la infamia, el símbolo de la humillación pública que los condenados por herejía eran obligados a llevar. Esta vestimenta era generalmente de lana, de color amarillo, estampada con la cruz de San Andrés (que significaba humildad y sufrimiento), pero también con llamas de fuego, demonios y grafías que aludían al tipo de condena a que sería sometido el reo. Además del sambenito, los sentenciados llevaban una coroza gorro cónico o capirote, marcada con los signos de su delito.

con más dureza): en la querella de 1528 entre el obispo de Cuba, Miguel Ramírez, y el juez residente, Juan Vadillo, que había sido excomulgado por el primero, ordenó un desagravio del obispo al juez y le recomendó que evitase en lo sucesivo entrometerse en cuestiones inquisitoriales; procesó a Blas de Villasante por judaizante, y al flamenco Juan por luterano.[152]

Los conversos judaizantes fueron siempre el principal objetivo de la Inquisición, pero con el auge de la Reforma, los luteranos llegaron a ser, en un momento dado, el nuevo foco de atención de esta institución. Esto ocurre en la misma época en que Martín Lutero protestaba contra la Iglesia Católica en Europa, dando espacio a que se difundieran sus nuevas ideas y creencias religiosas y las de otros protestantes, concretándose así la Reforma Protestante y por consiguiente la Contrarreforma.[153] Esto trajo como consecuencia que la administración de Manso en las Indias fuera una rígida y de mayor dureza, dado que había que combatir con todas las fuerzas posibles, no solo a los judaizantes, sino también las nuevas ideas protestantes que se desarrollaban en Europa y que amenazaban con propagarse también en América. Todo esto sin perder de perspectiva que los nuevos grupos religiosos que se apartaron de la Iglesia Católica como protesta, eran también, inquisidores de los judíos, estableciendo en algunas de sus nuevas doctrinas el desprecio y el discrimen hacia los judíos por ser estos, según ellos, los asesinos de Cristo, lo que los hacía merecedores de la muerte.

---

[152] http://www.mcnbiografias.com/appbio/do/show?key=manso-alonso-de. Recuperado el 18 de enero de 2012.
[153] Se denomina Reforma al conjunto de movimientos religiosos que surgen con la intención de reformar o renovar la Iglesia Católica y que se rebelaron contra la autoridad del Papa, dando interpretaciones nuevas a las Sagradas Escrituras formando así nuevas iglesias llamadas protestantes. La defensa y reacción de la Iglesia a la Reforma fue la Contrarreforma.

Salvador Brau[154] nos habla sobre la inquisición en Puerto Rico. Describe, en su opinión, como era el Tribunal del Santo Oficio:

> A todo esto, el Tribunal del Santo Oficio, que tan terribles hechos debía registrar en su historia, al empeñarse en someter a esclavitud imposible la conciencia humana, establecido en Puerto Rico desde la venida de don Alonso Manso, inquisidor general de las Indias, activaba sus procesos a compás del desarrollo del luteranismo en Europa, aumentando así la perturbación de los ánimos tan necesitados de tranquilidad.[155]

Brau habla de la Inquisición como una institución que esclaviza la conciencia humana y retrae la paz necesaria de los habitantes, con el propósito de protegerse de las ideas luteranas que afloraban en Europa. Brau es audaz al escribir sobre la Inquisición en Puerto Rico, aun así, logró ocupar el puesto de Historiador Oficial. En un país de una fe católica tan arraigada y en la época que escribe bajo el régimen español, es significativo que este autor hable de este tema de forma tan crítica y fuerte. Lo expresa de forma directa cuando escribe lo siguiente:

> …a la dulce y hospitalaria tierra puertorriqueña corresponde el siniestro honor de haber dado, por espacio de tres cuartos de siglo, primordial asiento en el mundo colombino al sanguinario Tribunal de la Fe, cuya instalación en Castilla, por Bula de Sixto IV a 1 de noviembre de 1498, empaña con lúgubre sombra el reinado de Isabel *la Católica*.[156]

A esto añade Brau la descripción de los lugares donde se llevaban a cabo los procesos inquisitoriales en la Isla. El lugar

---

[154] Salvador Brau y Asencio es un insigne escritor puertorriqueño natural de Cabo Rojo quien se destacó también como político e historiador.
[155] Brau y Asencio, Salvador. *Puerto Rico y su Historia*. San Juan de Puerto Rico. Editorial IV Centenario. 1972, p. 219.
[156] Ibid, p. 257.

donde estaba la hoguera en la que se penitenciaba a los culpables de herejía y otros crímenes era la llamada puerta de San Cristóbal, en lo que hoy se conoce como la Plaza San Cristóbal en el Viejo San Juan, frente a lo que es el Castillo del mismo nombre. Dice así Brau:

> Inmediata la puerta de Santiago al castillo de San Cristóbal, que en 1641 ya erguía sus almenas – por más que sus avanzadas no detuvieran terminarse hasta 1771 – acaso esta circunstancia influyera en el cronista, llevándole a aplicar a la puerta el nombre del castillo, pero ya sea así, ya existiera realmente, cerca del San Cristóbal primitivo, una puerta que facilitara la comunicación con el campo en que se habían de establecer luego sus avanzadas, es indudable que al pie de la fortaleza, levantada para defender la plaza de las agresiones terrestres, celebró sus autos de fe la Inquisición de Puerto Rico.[157]

Describe también Salvador Brau, que para 1625 Henry Bouldoin[158] encontró colgados en la Catedral, los sambenitos de los penitenciados por la Inquisición. Según Don Ricardo Alegría, la primera persona en ser procesada por la Santa Inquisición en Puerto Rico fue un tal Sancho Velázquez quien:

> …desde la renuncia del gobernador Cristóbal de Mendoza en 1515 actuaba como justicia, mayor y gobernador. El licenciado Antonio de la Gama, comisionado en 1519 por el emperador para que actuara como juez investigador de los oficiales reales, descubrió que Velázquez había cometido numerosos abusos y fraudes durante su administración, y por tal motivo ordenó que se le condujese preso a España. Antes de que pudiera realizarse este propósito intervino, y no para mejorar la situación del procesado, el obispo Manso, quien en su carácter de inquisidor apostólico denunció a Velázquez por su amor al juego, comer carne en días

---

[157] Ibid., p. 261.
[158] Henry Bouldoin (Bouldewijn Hendrijks) corsario que encabezó el ataque holandés a Puerto Rico en septiembre de 1625 tomando La Fortaleza y cercando el Castillo San Felipe del Morro. No tuvo éxito en el intento de conquistar a Puerto Rico para Holanda y tuvo que retirarse en noviembre de ese mismo año.

prohibidos y no asistir a misa en Cuaresma. Trasladado a la cárcel de la Inquisición, Velázquez murió poco después, en mayo de 1520.[159]

Las acusaciones a Velázquez eran, principalmente, administrativas por los fraudes cometidos contra la Corona, sin embargo, interviene el obispo Manso y añade otras acusaciones. Los cargos por los que Manso acusaba a Velázquez son "comer carne en días prohibidos y no asistir a misa en cuaresma", acusaciones que se adjudicaban a los sospechosos de ser criptojudíos o judaizantes.

La Inquisición siguió con sus procesos en Puerto Rico hasta que quedó a cargo del obispo franciscano Nicolás Ramos quien lo traslada a Santo Domingo. De ahí entonces los procesos y juicios que se llevaban a cabo en Puerto Rico, fueron sometidos a un juez dependiente del Tribunal de Cartagena de Indias.

Muy poco se sabe de la Inquisición en Puerto Rico. Hay muy pocos datos y son muy someros los que se pueden hallar de estos procesos en la isla, tanto, que algunos historiadores han llegado a decir que en Puerto Rico no hubo inquisición. La principal evidencia de que sí la hubo es el nombramiento como Inquisidor de las Indias de Don Alonso Manso con sede en Puerto Rico. El mismo Brau dice que hubo "leves trazos del Santo Oficio"[160] por lo que podemos evidenciar que hay muy poco escrito sobre el asunto.

Se ha llegado a decir que en Puerto Rico no hubo judíos. Sin embargo, como se ha afirmado, desde el momento de la llegada de Colón y desde los inicios de la conquista la presencia judía en América está latente. Hay suficiente evidencia que sustenta que a todas partes de las Américas y del Caribe llegaron sefarditas escapando de la persecución religiosa que había en Europa y que se asentaron en tierras americanas. ¿Cómo es posible que a

---

[159] Alegría, Ricardo. *Descubrimiento, conquista y colonización de Puerto Rico, 1493-1599*. San Juan de Puerto Rico, Colección de Estudios Puertorriqueños. 1969, (90).
[160] Brau y Asencio, Salvador. *Puerto Rico y su Historia*. San Juan de Puerto Rico. Editorial IV Centenario. 1972, p. 261.

Puerto Rico no llegaran también? Lo cierto es que la actuación del Santo Oficio obligó a gran cantidad de judíos a ocultarse físicamente, a ocultar su linaje y a ocultar sus costumbres y creencias, para no ser perseguidos y acusados por el tribunal inquisitivo en los nuevos territorios americanos.

Las zonas montañosas de la isla serían las más idóneas para lograr mantenerse alejado del lazo inquisidor. Por la topografía de Puerto Rico esto se hizo relativamente fácil. La zona montañosa del país ofrece gran variedad de lugares de fácil escondite y difícil acceso lo que provee el que grupos de personas que buscan alejarse de todo y proteger su vida y su acervo de tradiciones familiares y religiosas logren este objetivo. Varios autores comentan sobre esto lo siguiente:

> "When the Crypto Jews arrived on the island of Puerto Rico, they were hoping to avoid religious scrutiny, but the Inquisition followed the colonists. As a result, many secret Jews settled the island's remote mountainous interior far from the concentrated centers of power in San Juan and lived quiet lives. They practices Crypto-Judaism which meant that they secretly practiced permitted to worship, the Crypto Jews eventually intermarried with Catholics and therefore, Puerto Rico has virtually no Jewish history of which to speak."[161]

Hay también un detalle muy importante que no podemos pasar por alto. La gran mayoría de estos judíos o criptojudíos que llegaban a occidente, lo hacían sin contar con un líder religioso o rabino que los guiara en el cuidado de mantener el servicio religioso, el estudio de la Torah y de los profetas y las tradiciones y costumbres que caracterizan al pueblo hebreo. Sobre esto Lucía García de Proodian afirma lo siguiente:

---

[161] Comentario de Harry Ezraty y J. Jacobs en Puerto Rican People by Ethnic or National Origin: expatriates in Puerto Rico, Puerto Rican Jews, Puerto Rican People of Colombian Descent. Books LLC, Memphis, Tenn. USA 2010, p.42.

> La falta de unidad en las creencias del grupo, lógicamente tenía que actuar como disolvente religioso, se veía compensada por la fe vivísima que los más conservaban procurando alimentarla en varias fuentes, entre las cuales no deben incluirse los libros doctrinales, por serles casi desconocidos, pues a la gran dificultad que constituía el introducirlos en las Indias, sumábase, para la persona que los poseyera, el riesgo de ser severamente castigada y aún de tachársela de hereje, terrible acusación que nadie estaba dispuesto a afrontar.[162]

Muchos de ellos trataron de mantener su cultura y su aspecto religioso, aunque fuera oculto, pero se hizo difícil sin un guía espiritual o sin el apoyo de una comunidad debidamente conformada, aparte de la falta de libros y de textos hebraicos como la Torah, el Talmud, el Sidur y otros comentarios de interpretación judaicos, ya fuesen laicos o teológicos, con los que podían enseñar y mantener su cultura, su fe ancestral y el culto. A esto le añadimos también que la ausencia de un lugar donde reunirse a llevar a cabo sus rituales del ciclo de vida y la falta de identidad y de unidad que les daba la lengua hebrea, hicieron que se fragmentara aún más la aspiración de mantener la cultura y la fe de sus antepasados. Renée Levine Melammed argumenta sobre esto lo siguiente:

> While a few conversos had precious copies of prayerbooks or Hebrew texts, the converso community was essentially to become a people without a book. The prayer books, Bibles, copies of the Talmud, and other texts from the vast literature that is integral to male Jewish life had suffered a fate identical to that of Spanish Jewry itself.[163]

A medida que fue pasando el tiempo y comenzaron a nacer nuevas generaciones, descendientes de conversos o criptojudíos, se fue perdiendo el acervo de tradición oral y escrita con el que

---

[162] García de Proodian, Lucía. *Los Judíos en América*. 1960, p. 152.
[163] Renée Levine Melammed. *Heretics or daughters of Israel? The Crypto-Jewish Women of Castile.* New York, NY, Oxford University Press. 1999, p. 32.

se lograba mantener la verdadera práctica y el significado e importancia de la fe y cultura hebreas, hasta el punto que muchos descendientes de este linaje continuaron practicando algunas costumbres del judaísmo sin saber a ciencia cierta cómo ni por qué lo hacían. Así lo expresa David M. Gitlitz:

> Cuando los descendientes conversos del judaísmo ibérico se encontraron aislados del judaísmo tradicional e inmersos en un mundo de creencias cristianas, los artículos centrales de su fe sufrieron cambios profundos. Está claro que aún no había pasado una generación tras la Expulsión y ya la mayoría de los conversos eran más cristianos que judíos. Incluso quienes optaban por judaizar y aferrarse a cuantos restos de prácticas y creencias quedaran a su alcance eran al mismo tiempo católico practicantes (ya que no siempre creyentes). Los criptojudíos no tenían libros judíos, nadie que instruyese a sus hijos en el hebreo, ni talmudistas que refinaran las ideas de los adultos, ni sesiones de estudio los sábados por la tarde para debatir los puntos más difíciles de la Ley. Aun después de extinguida la generación de la Expulsión hubo agrupaciones de criptojudíos que mantuvieron la práctica comunitaria de su antigua religión, pero los datos que poseemos sobre sus conversaciones de tema religioso llevan a pensar que el judaísmo que discutían entre sí no era ni muy profundo, ni muy ortodoxo. Lo más probable es que fuese de transmisión oral, de conocimientos del judaizante más docto a los otros, cuando no, rumores sobre la suerte de tales o cuales miembros de la comunidad. Y no es nada inverosímil que el debate se produjera a la salida de la misa matutina. Aquellas gentes perdieron rápidamente de vista las sutilezas teológicas del judaísmo y las complejidades de su observancia.[164]

Algunos elementos e ideas de la fe católica cristiana fueron poco a poco haciéndose de un lugar dentro del pensamiento y del diario vivir del criptojudío hasta que los ideales hebraicos

---

[164] David M. Gitlitz. *Secreto y engaño: la religión de los criptojudíos*. Salamanca, España, Junta de Catilla y León, 2003, p. 109.

llegaron a diluirse por completo, logrando que la fe en el Jesús greco-romano sustituyera la fe de Moisés. Esto no permitió que pudieran arraigarse como una comunidad sólida y con bases estables, sino que se fragmentaron bajo la mirada inquisitorial de la Iglesia y de la sociedad en general, anteponiendo su criptojudaísmo y en otros casos la fe cristiana a la Ley de vida que se les había dado a través de la Torah. Los criptojudíos que llegaron a Puerto Rico no fueron la excepción. Aunque el rastro es muy tenue, su presencia en nuestra cultura es innegable.

Los chuetas

Como se ha mencionado anteriormente, con la expansión del Imperio Romano, los judíos no solo se esparcieron por diversos territorios europeos, sino también por las islas aledañas a la península Ibérica que fueron consideradas territorio español, entre ellas las Islas Baleares. Estas se encuentran situadas en el Mar Mediterráneo en la costa oriental de la Península Ibérica. Es un archipiélago formado por dos grupos de islas y varios islotes, siendo las principales Mallorca, Menorca, Cabrera, Ibiza y Formentera.

En las islas de Ibiza y Formentera se detecta una presencia semítica ya para el siglo VII, procedentes de la región de Gadir en Cádiz, dando origen a una ciudad bien fundamentada dedicada a un próspero comercio con todos los puntos importantes del Mediterráneo. Esa ciudad era conocida como Iboshim. Sin embargo, es en la isla de Mallorca donde vamos a encontrar posteriormente la mayor concentración de judíos en el archipiélago.

Con la llegada de los musulmanes a la península Ibérica, las Islas Baleares pasaron a ser conquistadas por estos. Ya para el año 1229 el rey Jaime I logra reconquistarla y unificarla al reino de Aragón. De ahí en adelante siguió prosperando el comercio de estas islas con el resto del Mediterráneo, comercio que incluía a musulmanes y judíos.

Las Islas Baleares no fueron excluidas de la Inquisición. Desde el año 1391 un número considerable de judíos de

Mallorca había hecho conversión al cristianismo, pero fue en 1435 cuando toda la comunidad judía mallorquina se sometió al bautismo de la fe católica. Estos judíos conversos fueron segregados y puestos en un *gueto*.[165] A esa segregación o gueto se le llamó La Calle del Sagell, por lo que a los que allí vivían se les llamó los de la Calle o los de la Call. Aun habiendo hecho conversión se les siguió discriminando y siempre fueron objeto de atención por parte de la Inquisición. El celo del tribunal inquisitorial, con este grupo de conversos, no era infundado ya que cautelosamente, seguían observando su judaísmo y seguían practicando rituales de la fe hebrea. Ángela Selke comenta lo siguiente:

> En el *guetto* de la ciudad de Mallorca (hoy Palma) - el barrio llamado en el siglo XVII «la Calle del Sagell» y más tarde de «los chuetas» - vivían todavía a fines del siglo XVII, discriminados y segregados de los «demás naturales del reino», es decir, de los cristianos viejos, los descendientes de los judíos conversos. Y hasta la última década del XVII, o sea, más de dos siglos después de la *conversión general* de los judíos de Mallorca (en el año 1435), los vecinos de ese *guetto*, católicos cristianos en lo exterior, siguieron casi todos creyendo y observando en secreto la antigua ley de Moisés.[166]

Este grupo de personas siguieron preservando su judaísmo en su gran mayoría. Dos siglos más tarde, todavía seguían siendo víctimas de discrimen y de prejuicio, tanto que se les comenzó a llamar, en forma despectiva, *los chuetas*. El origen de este nombre es variable según varios autores. Por ejemplo; Ángela Selke dice que este nombre aparece por primera vez en los procesos de 1688 cuando los enjuiciados hacen constar que son descendientes de los comúnmente llaman xuetas. Esto significa según ellos, cristianos nuevos,

---

[165] Zona o barrio habitado por personas que tienen un mismo origen o condición y viven aisladas y marginadas por motivos raciales o culturales.
[166] Selke, Ángela. *Los Chuetas y la Inquisición*. Taurus Ediciones, S.A. Madrid. 1972, p. 11.

conversos de judíos. "Más exactamente significaba 'judiíto' o 'judiegüelo'".[167] Otros establecen que el nombre es uno más despectivo todavía, ya que su significado es referente al cerdo, por el parecido del nombre con la palabra chuleta.

Lo cierto es que estos judíos conversos, establecidos en la calle del Saguell, siendo rezagados por el discrimen y la intolerancia religiosa de la época promovida por la Inquisición, formaron un grupo cerrado en el que se distinguen quince linajes que son los que hasta el día de hoy perduran. Aunque se registran más de doscientos apellidos de origen judío en Mallorca, los de la Calle son los que más sufrieron el discrimen y el vejamen de la sociedad mallorquina. Los quince apellidos malsanos o malditos, como le llaman algunos son: Aguiló, Bonín, Cortés, Forteza, Fuster, Martí, Miró, Picó, Piña (Pinya), Pomar, Segura, Valls, Valentí, Valleriola y Tarongí.

Otros apellidos mallorquines de origen judaico son: Amorós, Andreu, Arbona, Arnau, Barceló, Beltrán, Bennásar, Bonet, Bosch, Brondo, Canet, Carbonell, Cardona, Castellá, Castelló, Cavalier, Cerdá, Colom, Colt, Dalmau, Dameto, Domenech, Domínguez, Durán, Escales, Ferrando, Fiol, Gallana, Garau, García, Gari, Gener, Gilabert, Grau, Gual, Jácome, Jordi, Lloréns, Moyá, Mulet, Muntaner, Noguer, Noguera, Olivar, Parats, Pellicier, Pons, Porsell, Prats, Pujol, Rebassa, Riera, Ripoll, Rius, Rotger, Roig, Rossiñol, Sabater, Salas, Salom, Salvat, Sastre, Serra, Soler, Suau, Sureda, Terrades, Togores, Torruella, Torres, Truyoi, Umber, Valleriola, Vicens, Vidal, Vila, Vilanova y Vives. Todos estos apellidos identifican a descendientes de linajes judíos mallorquines y llegaron a figurar en las listas que prepararon los nazis durante la Segunda Guerra Mundial.[168]

Estas familias mantuvieron por varios siglos un círculo cerrado por motivo del discrimen y el constante recelo del tribunal

---

[167] Ibíd., p. 17.
[168] http://tarbutsefarad.com/es/articulos-shorashim/3189-los-chuetas-de-mallorca.html.

de la Inquisición, que nunca dejó de mantener la sospecha y el asecho sobre ellos. De ahí que se mantuvieran en un sector reservado en la calle del Sagell y que sean conocidos como "los judíos de la Calle". Gabriel Ensenyat comenta:

> Es evidente que el Call constituye una especie de pequeña ciudad dentro de la ciudad; se encontraba aislado del resto y, de noche, las puertas de acceso se cerraban para que nadie pudiera salir ni entrar. En el interior, la vida de los judíos se guiaba por la ley mosaica, con sus costumbres y hábitos característicos. Incluso la lengua en que solían redactar los documentos era la hebrea, si bien no sabemos hasta qué punto la hablaban. Por otra parte, la segregación se manifestaba también a la hora de contribuir al fisco, ya que se les asignaba una determinada cantidad que, entre todos y con cierto criterio de proporcionalidad, debían aportar.[169]

Este encierro o segregación los obligó a matrimoniarse entre ellos mismos lo que los forzó a practicar la endogamia "hasta el punto que se ha podido demostrar su diferenciación genética, respecto al resto de los mallorquines".[170] Sobre esto también hay un comentario en la página cibernética de Turbut Sefarad que dice: "la Inquisición perseguirá a los descendientes de judíos conversos que, por otro lado, seguían casándose entre sí en una endogamia muy férrea debido a que los cristianos y la sociedad en general no los aceptaban".[171]

El historiador Mario A. Rodríguez León hace un comentario sobre un particular sector endogámico en Puerto Rico, específicamente en el área de Cayey y dice:

---

[169] Ensenyat I Pujol, Gabriel. Universidad de las Islas Baleares. file:///C:/Users/Ana/Downloads/97697-161756-1-PB%20(2).pdf.
[170] http://blog.mca-hotels.com/2008/10/30/xuetes-la-historia-de-los-judios-conversos-de-mallorca/.
[171] http://www.tarbutlleida.com/noticies/53-la-de-los-chuetas-es-una-historia-muy-triste.html.

En Cayey, los matrimonios de viudas y viudos eran mayormente de carácter endógeno. Según Héctor Rodríguez, entre 1815 y 1845 hubo allí alrededor de 38 matrimonios con vínculo familiar, de los cuales 32 eran blancos y 6 pardos. Por lo general, en Cayey las relaciones endógenas eran frecuentes y había barrios donde todos eran familiares.[172]

Es interesante notar la unión entre viudos bajo la endogamia. Este tipo de uniones puede dar indicios de lo que en el judaísmo se llama la Ley del Levirato. Esta ley consistía en que, si una mujer quedaba viuda sin hijos, el hermano del difunto podía tomarla como mujer y hacer parentesco con ella y darle linaje. Así lo especifica la Torah en el libro de Devarim (Deuteronomio) 25:5:

> Cuando hermanos habitaren juntos, y muriere alguno de ellos, y no tuviere hijo, la mujer del muerto no se casará fuera con hombre extraño; su cuñado se llegará a ella, y la tomará por su mujer, y hará con ella parentesco.

Rodríguez León menciona otros sectores en Puerto Rico donde se daba marcadamente este fenómeno, en los que los matrimonios eran de cercana consanguinidad, como en Yabucoa donde hay gran número de matrimonios entre primos. Se menciona también a Cabo Rojo como una zona donde también ocurrían estas uniones endogámicas.

Los chuetas o judíos mallorquines han dejado su huella en la historia puertorriqueña. Con la Real Cédula de Gracias de 1815[173] se abrió el camino para que muchos extranjeros establecieran su residencia en la Isla y desarrollaran el comercio y la

---

[172] Rodríguez León, Mario A. *Los Registros Parroquiales y la Microhistoria Demográfica en Puerto Rico*. San Juan, Puerto Rico, Centro de Estudios Avanzados de Puerto Rico y el Caribe. 1990, p. 121.
[173] La Real Cédula de Gracias de 1815 es un documento otorgado por el Rey Fernando VII con el fin de desarrollar la economía de la Isla y permitir que extranjeros y españoles residentes en otras partes de las Américas se establecieran en Puerto Rico. Con

economía, dándole un nuevo impulso a la sociedad puertorriqueña. De la isla de Mallorca llegaron muchos inmigrantes a establecerse en Puerto Rico. Gran parte de ellos se ubicaron en el área central y sur de Puerto Rico. El valle de Lajas fue uno de los lugares donde se establecieron algunas de estas familias de Mallorca y de origen chueta.

De las familias que vamos a encontrar establecidas en la región de Lajas están los Jácome. En la renaciente región del valle de Lajas, región sumamente próspera se estableció Don Juan Miguel Jácome Pagán quien en unión con Doña Monserrate Cancel y Ortiz de la Renta procreó a Teodoro Jácome Pagán y Cancel. Este a su vez contrae matrimonio con una pariente en un segundo grado de consanguinidad (característico de los chuetas) y es a ellos a quienes se les atribuye la donación de los terrenos para la fundación del pueblo de Lajas.[174] Hoy en día los apellidos chuetas en Puerto Rico los vamos a encontrar también en algunas figuras reconocidas en la política, la literatura, las artes escénicas, los deportes, la judicatura y otros.

Entre algunos de los legados que los chuetas nos han dado, que no son otras que costumbres totalmente hebreas, podemos mencionar el pan de Mallorca de las que Julián Méndez comenta: : "la famosa ensaimada mallorquina no es otra cosa que una derivación del 'jalá', el pan sabático de los judíos, que enrollaban y trenzaban como se hace hoy".[175] Usaban un solo recipiente para la leche, un solo cuchillo para el pan, se encendían velas los viernes y se juntaban las cenizas en el fogón para que el

---

este documento se buscaba, entre otras cosas, evitar que Puerto Rico siguiera la línea de la independencia que habían seguido otras colonias españolas en América.

[174] Crespo Vargas, Pablo L. y Padovani de Ortiz, Lydia. *Lajas, desde los amerindios hasta el siglo XIX: Historia, sociedad y cultura de un pueblo.* Lajas, Centro de Estudios e Investigaciones del Sur Oeste, Inc., 2013, p. 63-64.

[175] http://www.ideal.es/granada/20091011/sociedad/chuetas-ultimos-perseguidos-20091011.html

fuego no se apagara.[176] Estas costumbres, todavía trascienden en nuestras familias hasta el día de hoy.

Presencia judía en el siglo XIX

El siglo XIX, en la historia de Puerto Rico, marcó una era de nuevas ideas y pensamientos que comenzaron a esbozar la forma de la idiosincrasia del puertorriqueño, en vías de definir su identidad como pueblo o como una nación. Ya varios territorios en Hispanoamérica habían alcanzado su independencia de España, basados en las ideas de la Ilustración.[177] Incluso, las colonias inglesas de Norteamérica también se habían separado del dominio de la corona anglosajona. Esas ideas también llegan a Puerto Rico y comienzan a desarrollarse en la mente de muchos que deseaban la independencia para así alcanzar el ideal de soberanía, como lo alcanzaron otras regiones en América.

No podemos pasar por alto el hecho de que, en gran parte de los movimientos independentistas de Centro y Sur América, participaron judíos que buscaban separarse totalmente de la metrópoli española, para poder librarse del prejuicio que existía desde la época de la colonización y que todavía estaba latente en tierras americanas, en contra de los judíos y sus descendientes. Estos movimientos también fueron patrocinados por sefarditas de lugares que no pertenecían a la corona española. Simón Bolívar, El Libertador, en sus luchas independentistas en Hispanoamérica, tuvo a su lado a sefarditas que participaron en estos movimientos libertarios. Sobre esto nos dice Harry A. Ezratty:

> Curaçao´s Sephardim supported Simon Bolivar during the South American Revolution, as did most of Curaçao. Called ´The Lib-

---

[176] Ibíd.
[177] La Ilustración fue una nueva corriente de ideas basadas en la razón y en la ciencia. Promovía la libertad y la igualdad entre los seres humanos, reconociendo que estos eran libres de elegir sus gobernantes sus sistemas económicos y sociales, basados en la constante fe en la razón humana.

erator of South America´, Bolivar sought and received refuge at the home of Abraham de Meza after his defeat at Puerto Cabello.

The first Bolivar´s champions from Curaçao was Mordechay Ricardo, an attorney. Several members of Curaçao´s Jews fought with Bolivar and participated in the battles that wrenched Venezuela and Colombia from Spain. Bolivar received money and credit for arms purchases from the island´s Sephardic merchants who assisted in financing his revolution. [178]

Los judíos, no solamente patrocinaron económicamente las campañas de liberación en Hispanoamérica, si no que muchos de ellos participaron como soldados y estrategas.

Nuevos movimientos se van a levantar en Puerto Rico, en busca de la independencia. Algunos de forma pasiva, otros con el ímpetu de la revolución armada. Dentro de esas ideologías comienzan a surgir grupos que se proyectan en dirección a conseguir la soberanía insular, para despojarse por completo del yugo español. Es cuando se comienza a preparar el ambiente para uno de los eventos más trascendentales en la historia de Puerto Rico; el Grito de Lares.

El Grito de Lares se conmemora el día 23 de septiembre, ya que fue para esa fecha en el año 1868 que ocurre este evento. Muchos historiadores y escritores han aludido el tema de diversas formas, dependiendo de las visiones políticas, sociales y económicas bajo las que se estudie el suceso. El movimiento independentista, de aquel entonces, en Puerto Rico, forjó la idea de levantarse en armas y declararse independiente de la metrópoli española. Las causas y pormenores del Grito de Lares, que ha sido un suceso de gran envergadura en la historia de Puerto Rico, son de amplia discusión desde diferentes foros, por lo que

---

[178] Ezratty, Harry A. *500 Years in the Jewish Caribbean. The Spanish & Portuguese Jews in the West Indies.* Baltimore, Md. Omni Arts, inc. 1997, p. 28.

solo nos enfocaremos en algunos de sus personajes que estuvieron relacionados al evento.

Uno de los personajes más emblemáticos del movimiento separatista en Hispanoamérica y Puerto Rico, durante el siglo XIX, lo es Ramón Emeterio Betances. La figura de Betances es icónica en lo relacionado a los ideales de independencia en Puerto Rico. Mucho se ha escrito sobre Betances y sus ideales, sin embargo, poco se habla de un detalle de su familia que pocos conocen. El padre de Betances, en un momento dado, hizo gestiones para lograr la limpieza de sangre de su familia. Félix Ojeda Reyes comenta lo siguiente, en la cronología de eventos que hace sobre la biografía del Betances:

> 1840 – En vísperas de la boda de su hija Ana María con el español José Tió, don Felipe Betances promueve ante el Tribunal Superior de Mayagüez, la limpieza de sangre de su familia. [179]

Sobre estos casos de limpieza de sangre, nos comenta el Profesor Juan Rodríguez Cruz lo siguiente:

> Fueron muchos los puertorriqueños que tuvieron que someterse al proceso judicial conocido como "limpieza de sangre". Mediante este procedimiento el interesado presentaba documentación para probar que él no descendía de africanos.[180]

Aparece registrado, como la causa de su limpieza de sangre, su condición de pardo.[181] Una vez hecha la gestión, pasó su nombre al libro de los pardos al libro de los blancos. El niño Betances,

---

[179] Ojeda Reyes, Félix. *Padre y Maestro: Cronología del Doctor Betances.* Catálogo de la exposición organizada por el Instituto de Estudios del Caribe y el Museo de la Universidad de Puerto Rico. 11 de abril al 4 de junio de 1989.
[180] http://rcsdigital.homestead.com/files/Vol_IX_Nm_4_1965/Rodr_guez.pdf, (376).
[181] Según el diccionario de la Real Academia Española (RAE), el pardo es la persona que proviene de la unión de negro con blanco, con un color de piel acercándose al canela (trigueño). http://dle.rae.es/?id=RuQF03b.

una vez murió su madre cuando este tenía cinco años, fue enviado a Francia a cargo de la familia Prévost-Caballiery, donde creció y se educó hasta convertirse en doctor en medicina.

La imagen de Betances que siempre vemos plasmada en los libros de historia o en otras fuentes, es la de un hombre sosegado y de una presencia firme y estoica.

Su barba abultada y en cierto modo desarreglada de la apariencia de un hombre juicioso e intelectual. Sin embrago, si nos fijamos bien en una de sus imágenes más notables podemos observar la viva apariencia de un judío asquenazí del centro de Europa.[182] Si lo comparamos con un judío del siglo XIX su atuendo y presencia son similares. La barba larga y desarreglada, el cabello en la nuca, cabeza cubierta, vestimenta oscura (de preferencia negra) y patillas largas son los distintivos de un judío asquenazi.[183]

---

[182] La barba larga y desarreglada, cabello en la nuca, cabeza cubierta, vestimenta oscura (de preferencia negra) y patillas largas son los distintivos de un judío asquenazi. Ver comentario en el capítulo I sobre quiénes son los asquenazis.

[183] Los judíos asquenazí son los de origen franco-germano-eslavo como asevera Paloma Díaz Mas a quien citamos anteriormente en relación a este término.

Dr. Ramón Emeterio Betances

En la gesta independentista del Grito de Lares destaca otro personaje que es de estirpe judía. Matías Brugman fue uno de los participantes de este evento. Nació en Nueva Orleans en el 1811 de padre judío sefardí, originario de Curaçao, cuya familia llegó de Holanda,[184] y de madre puertorriqueña. Se estableció en la isla, específicamente en Mayagüez, donde desarrolló una tienda de comestibles, que se convertiría en centro de reunión donde se hablaba del malestar que se sentía en Puerto Rico por las injurias del gobierno español.

Brugman llevaba en su sangre la lucha contra el régimen español en occidente. Su padre Pierre Brugman Levi, de origen sefardí, tuvo patente de corso del gobierno francés y llegó a capitanear dos barcos en lides de corso. Luchó contra los españoles y transportó a Simón Bolívar de Jamaica a Cartagena, pero cuando fue informado que esta había sido tomada por los españoles, llevó a Bolívar a Haití. La influencia del padre de Matías Brugman fue fundamental en las ideas separatistas que este tenía y que lo llevaron a participar de la lucha que se llevó en aquel momento en Lares y en diferentes partes de la isla.

En los anales de la lucha independentista en Puerto Rico, encontramos también a Lola Rodríguez de Tió. Su nombre completo fue Dolores Rodríguez Ponce de León. Insigne escritora que también luchó por el ideal separatista, sobre todo a través de sus escritos. Aunque por varias ocasiones tuvo que exiliarse y separarse de su isla, nunca abandonó sus ideales de libertad. Se le

---

[184] Desde el momento que se da la expulsión de los judíos de los reinos de Castilla y Aragón en 1492, muchos de estos judíos emigraron a las regiones que comprenden los Países Bajos en Europa, donde se establecieron y prosperaron. Aunque las leyes holandesas no eran severas con los judíos ni con los nuevos conversos, estos vieron una puerta de salvación en las nuevas tierras americanas al extenderse la Inquisición hasta estas regiones neerlandesas. Una de las islas caribeñas que vieron como buen lugar para establecerse fue Curaçao. En 1659 se establecieron los primeros 70 refugiados, con la aprobación del gobierno holandés. Establecieron su sinagoga y sus hogares en esta isla llegando a desarrollarse una fructífera y resplandeciente comunidad judía que llegó a convertirse en la más importante en el Caribe y en el hemisferio occidental. (Ezratty, 25-31).

confiere a ella la autoría de *La Borinqueña*, canción que evoca el ideal de independencia desde la perspectiva revolucionaria, instando al puertorriqueño a despertar del letargo colonial.

Lola Rodríguez de Tió fue una mujer de vanguardia. Siempre expresando en sus escritos su amor a Puerto Rico y a su entorno antillano. En uno de sus poemas, *El Arpa Hebrea*, refleja un amplio conocimiento de lo que comúnmente se conoce como El Viejo Testamento, dato que resalta ya que no era dado a los católicos leer esa parte de la Biblia. El poema lo dedica a la esposa de Isaac Bravo, un comerciante sefardí del área de Mayagüez, con quienes Lola y su esposo mantuvieron una gran amistad.

Muchas imágenes se han tomado de Lola Rodríguez de Tió, pero hay una que capta la atención. Es una foto de Lola sentada y recostada sobre un lienzo similar a un tallit.[185] Siendo una mujer de vanguardia, que retaba la autoridad, en el buen sentido de la palabra, el uso de esta prenda en la foto es un claro desafío al dominio que ejerció en Puerto Rico la metrópoli española. En las siguientes imágenes se puede apreciar la semejanza que tiene la prenda que usa Rodríguez de Tió y la prenda que usan los hebreos para sus oraciones.

---

[185] El tallit es una palabra hebrea que significa manto o túnica. Es el manto de oración que usan los hebreos durante el servicio de la sinagoga y en algunos momentos durante el día. Su uso está basado en el mandamiento que aparece en Bamidbar (Números) 15:38-39. Según el mandamiento, su primordial propósito es recordar los mandamientos de la Torah cada vez que se le mire. También especifica sobre las franjas azul celeste que este debía tener.

Lola Rodríguez de Tió

Manto de oración hebreo (tallit)

En la ciudad de Mayagüez residió la familia Bravo. Isaac Bravo Pardo llegó a Puerto Rico a mediados del siglo XIX, desde San Tomás. Contrajo matrimonio con María de los Santos González en 1860, renunciando a la fe hebrea y aceptando el catolicismo como su religión. Isaac Bravo se destacó en diferentes actividades sociales y cívicas, siendo también el fundador de la firma Bravo y Co. Mantuvo amistad estrecha con Don Ramón Emeterio Betances, Lola Rodríguez de Tió y Segundo Ruiz Belvis.[186]

Finalizando el siglo XIX, específicamente en 1898 se produce la Guerra Hispanoamericana, evento por el que Puerto Rico deja de ser una colonia española, para pasar a manos de los Estados Unidos de Norte América. Es en esa coyuntura que aparece la figura de José Elías Levis, escritor nacido en Aguadilla en 1871 en una familia de ascendencia judía y francesa.[187] Su padre era oriundo de Curaçao y fue miembro de la sinagoga allí. Es por eso que no existe evidencia de que haya sido bautizado en Puerto Rico.

Estelle Irizarry lo llama "la voz que rompió el silencio" en uno de sus libros donde analiza la obra de este autor. Según Irizarry hay un periodo de silencio literario en el que ninguna obra se publica. Así comenta esta autora:

> En la historia literaria de Puerto Rico, hay un periodo en blanco entre 1898, el año de la guerra que trajo el cambio de soberanía y los primeros años del nuevo siglo, un corte abrupto en la creatividad literaria, producido por el trauma y turbulencia del 98. Llamo a este periodo "los años hurtados", empezando en 1898 y terminando al final de 1902. Basta repasar la catalogación cronológica de novelas que recopiló Carmen Gómez de Tejera y la discusión sobre la novela en el *Diccionario de la Literatura Puertorriqueña* de

---

[186] *Los Judíos en Puerto Rico*. Museo de San Juan, San Juan, P.R. 2005, (12).
[187] Diez Trigo, Sarah y Morán Arce, Lucas. "José Elías Levis Bernard". Diccionario Biográfico de Puerto Rico. 1ra ed. II 1994, p. 258.

> Josefina Rivera de Álvarez para advertir algo que ha pasado, si no del todo desapercibido, por lo menos sin discusión: la casi desaparición de la novela en esos años hurtados por la crisis histórica. Por las fechas se ve que el último año de publicación "normal" de novelas es 1897, y no empieza a recuperarse hasta 1903."[188]

Es interesante notar el momento histórico en que se da ese periodo de silencio que describe Irizarry. El único autor puertorriqueño que escribe y publica es José Elías Levis. Sus obras más reconocidas, *Estercolero* y *Vida Nueva*, muestran una realidad existente en el Puerto Rico de fines del siglo XIX, en el momento del cambio de soberanía. ¿Será que Levis escribe porque siente la libertad de hacerlo luego de que el régimen español dejara de controlar a Puerto Rico, no solo en lo político, sino también en lo religioso? Con la llegada de los norteamericanos a la isla se abre la puerta a la libertad de culto, libertad de expresión y libertad de reunión, circunstancia que trajo grandes cambios en el aspecto religioso de Puerto Rico durante este periodo y durante los primeros años del siglo XX. Irizarry comenta al respecto:

> No dudo que la invasión americana fue el estímulo inmediato que llevó a Levis a publicar la novela que, como veremos, había estado escribiendo por unos tres años. En el nuevo clima de cambio, ya terminada la autoridad española, podía desahogarse, y de ahí sale su crítica de la Iglesia como una descarga que había sido reprimida hasta entonces. En otra época, unos doce años antes, la vehemencia de un ataque así contra la Iglesia le habría merecido una visita el *Componte*, esa institución tan parecida a la Inquisición, de patrullas que dispensaban torturas y vejaciones para amedrentar a los librepensadores y sus familias y registrar sus casas. Por la confesión, casi al final del libro de tener veinticinco años, en vez de los veintiocho que tenía al publicarlo en 1899, colegimos que Levis emprendió el

---

[188] Irizarry, Estelle. *La voz que rompió el silencio. La novelística singular de J. Elías Levis*. San Juan, PR. Ediciones Puerto, 2007, pp. 14-15.

proyecto con anterioridad y que ya instalada y garantizada la libertad de culto con la llegada de los americanos, se expresó sin ambages.[189]

Levis es el autor de la coyuntura histórica del '98, cuando la mordaza del régimen español cede paso a una eventual libertad religiosa y libertad de expresión que se desarrolla en el Puerto Rico de inicios del siglo XX. Sus obras hacen alusión a eventos de lo que han dado en llamar el Antiguo Testamento, comparando personajes, lugares y acontecimientos con los mencionados en la Biblia hebrea. Siendo "la voz que rompió el silencio", José Elías Levis es el judío que cierra un ciclo histórico para abrir otro en el que el panorama será distinto para los hebreos en Puerto Rico.

No cabe duda que el siglo XIX es el periodo en el que el ideal de la identidad puertorriqueña se muestra marcadamente. Las luchas libertarias de este periodo, fueron el epítome de la opresión y falta de libertades que tenían los puertorriqueños bajo el sistema español. La participación en estas luchas de descendientes de hebreos, es muestra de que uno de los propósitos de las mismas era liberarse de este sistema que no permitía el libre pensamiento en cuanto a ideas políticas y religiosas.

Los descendientes de los hebreos sefarditas, están participando abiertamente en el panorama público de la Isla durante el siglo XIX, dejando su huella en la historia puertorriqueña.

---

[189] Ibíd, (54-55).

APORTACIONES E INFLUENCIAS DE LOS JUDÍOS A LA CULTURA PUERTORRIQUEÑA

Costumbres y tradiciones

El rastro de los hebreos en Puerto Rico es latente. En nuestra cultura y en muchas de nuestras familias hay trazas de judaísmo que generación tras generación y con el pasar del tiempo se fue perdiendo. Hay diversidad de costumbres y prácticas en Puerto Rico que provienen de la cultura sefardita. Algunas de ellas son costumbres que perduran hasta el día de hoy y que muy pocos saben de su origen o significado judaico.

En el judaísmo las costumbres y tradiciones ocupan un lugar muy importante. Son la base de la existencia del pueblo hebreo a través del tiempo. Es lo que ha logrado darles unidad y cohesión a todos los judíos en el mundo entero ya que es su modo de vida; un modo de vida basado en la Torah. Sin importar el lugar o el momento donde vivan, sus tradiciones y costumbres son el hilo que logra atar a los judíos de todo el orbe y en todas las épocas, para dar unidad y apego a su herencia y por consiguiente les ha dado permanencia. Es por esa razón que la tradición es inherente a ellos como pueblo.

La mujer jugó un papel importante en el criptojudaísmo sefardita. En la época a la que hacemos referencia, el hombre tenía la tarea de salir a trabajar para el mantenimiento económico de la familia. Para la mujer judía, su lugar era el hogar, realizando diferentes tareas intrínsecas a su rol femenino.[190] En el judaísmo

---

[190] De ninguna manera hay intención de encerrar a la mujer en un rol específico como el de ama de casa o el de la típica mujer sometida al "macho" sin derechos ni oportunidades. Se hace clara mención del rol que ejercía en el momento histórico al que se hace referencia en este trabajo. Dentro del judaísmo a la mujer se le da un papel sumamente importante, que no la cohíbe de estudiar Torah, ni de participar de lleno en las actividades de la comunidad. La crianza de los hijos es compartida, al igual que la enseñanza de la Torah y de los elementos culturales que nos definen como pueblo.

esta no tiene la obligación que tiene el hombre de asistir frecuentemente al servicio sinagogal, ni se considera parte del minian[191] en algunas comunidades. Siendo ella el eje central del hogar y de la familia, tenía la tarea de educar y enseñar a los hijos, instruyéndoles en diferentes tareas que se ajustaban al modo de vida judío y en diversos principios y valores que están basados en las enseñanzas de las leyes de la Torah. Eran frecuentes las reuniones que hacían entre madres e hijas, hermanas, primas, tías y abuelas para estrechar lazos y mantener el gran legado de tradición oral, que, aunque cada vez se hacía más débil, lograba una sujeción a los valores y principios que se encontraban en la ley de Moshé, y que ayudaban a la formación de hijos e hijas como personas íntegras y de respeto ante la sociedad. A causa de estas reuniones, que a veces se efectuaban en secreto, en muchas ocasiones se les acusó de herejía en calidad de brujas o hechiceras, ya que compartían secretos, recetas, conocimientos de remedios caseros y brebajes de plantas medicinales que utilizaban para combatir enfermedades y diversas condiciones que aquejaban a la sociedad de la época. María Esther Silberman ofrece un comentario sobre el particular, haciendo referencia a Matilde Guini de Barnatán:

> La constante en la vida de la mujer sefardí fue la 'práctica de rituales místicos, fórmulas, creencias, tradiciones, oraciones, uso de simbología y talismanes'. Con su oración invoca a los ángeles y es siempre muy cuidadosa la mujer sefardita en el manejo del lenguaje; ella ejercita en el hogar una actitud protectora mediante fórmulas orales y pensamientos de buenos deseos con manifestaciones que atraigan lo bueno.[192]

Estas mujeres, dentro de su criptojudaísmo, asistían a la Iglesia y cumplían con diversos dogmas y reglas que esta establecía.

---

[191] El minian es una palabra hebrea que significa quorum. Es la presencia de diez hombres o más en el momento de realizar un servicio, rezo o lectura de la Torah.
[192] Guini de Barnatán, Matilde. 'El Alma Sefaradí '. En *Los Nuestros*, N° 14, abril, Bruselas, Bélgica, 1994, p. 60, citada por María Esther Silberman de Cywiner, "Tradiciones, creencias y costumbres". *Sefárdica* N° 18 (marzo 2010), p. 74.

Es por esa razón que para ellas era importante el vigilar cuales eran los días de ayuno, en especial el ayuno de Yom Kippur, que es el más solemne dentro del judaísmo. La razón por la que prestaban atención especial a ese día era enmendar las faltas cometidas ante el Creador por ir a la Iglesia y adorar allí a los santos de la fe católica y participar de la comunión a través de la hostia, lo que dentro del judaísmo implica una magna idolatría.

Muchas de estas mujeres eran quienes se daban a la tarea de hacer cumplir en secreto con algunas de las estipulaciones del ciclo vital, como lo son la circuncisión, el mikvé, el lavado de manos antes de ingerir alimentos, la elaboración del hallah o la matzá[193] y las leyes de nidá[194] entre otros. Así, muchas de las costumbres que estas inculcaron en sus hijos y nietos al día de hoy persisten como clara señal de un judaísmo solapado por siglos.

Entre las influencias sefarditas en Puerto Rico podemos encontrar las costumbres en el duelo. Una de las cosas que el judío acostumbra a hacer cuando alguno de su familia fallece es derramar todos los recipientes con agua en la casa y cubrir con un paño los espejos o cualquier objeto que refleje la imagen. Muchos de nuestros antepasados y aun hoy en día, algunos de nuestros abuelos o familiares de mayor edad acostumbran llevar a cabo esta práctica. Se conocen diferentes razones para ello. Una de ellas es el hecho de que la persona que pierde a un ser querido se muestra triste y apesadumbrada y verse en el espejo puede intensificar más ese sentimiento de tristeza y pérdida, lo que puede llevar a la persona a cuestionar la voluntad del Todopoderoso o incluso su existencia. En la explicación más mística, el

---

[193] Matzá es el nombre que se le da a la masa de pan sin levadura que se consume principalmente durante la celebración del seder (cena) de la festividad de Pascua y durante los siguientes siete días después de esta celebración. Se conoce esta fiesta como Pesaj en hebreo y no está relacionada con la pascua de resurrección que celebra el cristianismo, que muchas veces coincide con esta celebración.

[194] La nidá es la ley de limpieza que sigue una mujer luego de su periodo menstrual o de haber dado a luz. Es un proceso de purificación que conlleva inmersión en agua corriente y una serie de rituales de limpieza y de aseo personal de carácter espiritual. (Levítico 15).

cubrir los espejos o cualquier objeto que refleje se hace por la creencia de que el alma de una persona es su imagen o su sombra y el espíritu del difunto puede atraparla cuando el deudo se refleja en él.[195] Derramar el agua se hace por el mandamiento que aparece en la Torah en Bamidbar (libro de Números) que especifica lo siguiente:

> Esta es la ley para cuando alguno muera en la tienda: cualquiera que entre en la tienda, y todo el que esté en ella, será inmundo siete días. Y toda vasija abierta, cuya tapa no esté bien ajustada, será inmunda.[196]

Las leyes de salubridad en el pueblo hebreo son específicas y denotan un alto grado de limpieza, cuidado y estricta pureza. La presencia de un muerto en el hogar representa un alto grado de contaminación que va en contra de lo establecido por la Torah, aparte de que es un riesgo para la salud de la familia. Por tal motivo se considera impura o contaminada cualquier vasija que esté al descubierto. Si bien es cierto que se observaban estas costumbres por obediencia a los preceptos de la Torah, también es muy cierto que la salud era una preocupación grande dentro de las comunidades hebreas. El Dr. Arana Soto hace un comentario sobre este asunto:

> Se tiene a los antiguos hebreos por los fundadores de la profilaxis (prevención de las enfermedades). Se sabe de su medicina principalmente por la Biblia y el Talmud[197][...] Encontramos rigurosas

---

[195] Kolatch, Alfred J. *El Libro Judío del Por Qué*. Middle Village, NY, Jonathan David Publishers, Inc. 1994, p. 76.
[196] La Biblia. Antigua versión Casiodoro de Reina (1569). Revisada por Cipriano Valera (1602). Libro de Números 19:14-15.
[197] Talmud significa disciplina. Se le da el nombre de Talmud a la obra que recoge las leyes de derecho civil y religioso, así como los reglamentos de las ceremonias del culto judío y sus festividades. Es parte de la Ley Oral del pueblo hebreo.

prescripciones sobre el aseo, el régimen alimenticio y la prevención de las enfermedades infecciosas, principalmente en el Levítico.[198]

Desde tiempos ancestrales el pueblo judío ha llevado en alto estas leyes, lo que le ha costado, en algunos casos, ser señalados como herejes y hasta hechiceros, ya que, por ser perseverantes y disciplinados en este asunto de higiene y salubridad, la incidencia de enfermedades y la tasa de mortalidad eran bajas entre ellos. Lo que no se consideraba era que, en la mayoría de los casos, los criptojudíos se mantenían dentro de una comunidad aislada, ya fuera porque las leyes gubernamentales los obligaban o por voluntad propia, alejándolos esto de cualquier contagio externo y por ende de la propagación de enfermedades entre ellos.

En cuanto a la salubridad se refiere hay otra costumbre relativa a ello. Es costumbre dentro del judaísmo el lavarse las manos antes de ingerir cualquier alimento, en especial el pan. Se observa esta tradición, no solo por higiene, sino también como un precepto dentro de la fe. El lavamiento de manos se conoce como el netilat yadaim,[199] es parte esencial de la mesa del judío ya que es el ritual que precede a la bendición del pan y por consiguiente a la comida. El lavarse las manos implica el limpiarse de cualquier impureza que contamine el pan que ha de consumirse ya que este alimento se considera símbolo de lo que es alimentarse y reconocer y agradecer las benevolencias del Creador. También es costumbre hebrea el lavarse las manos inmediatamente se levanta en la mañana, antes de cualquier otra cosa. Por esta razón muchos de nuestros abuelos y antepasados tenían una mesa pequeña al lado de la cama, con una jarra de agua dentro un recipiente (palangana), para lavarse las manos al levantarse. La costumbre pasó de generación a generación y aunque se ha perdido el sentido ritual y espiritual, el significado higiénico sigue presente en nuestros hábitos.

---

[198] Arana Soto, S. *La Sanidad en Puerto Rico hasta 1898*. Barcelona, España. Artes Gráficas Medinaceli. S. A. 1978, p. 9.
[199] Netilat yadaim, literalmente, significa elevación de las manos. Es el ritual que consiste en el lavado de manos y que se realiza antes de las comidas.

En la tradición puertorriqueña se celebra lo que se conoce como la noche de San Juan. Se acostumbra, según la tradición cristiana, ir al mar o a algún cuerpo de agua esa noche para tirarse de espaldas al agua y sumergirse siete veces a la media noche. Con este ritual se pretende alejar a la mala suerte y las cosas negativas. Keith y Marian Fogel hacen alusión a esta costumbre con el siguiente cometario:

> In '*El día de San Juan*', for example, a celebration of Saint John the Baptist, families bathe together in ditches that can only be described as a community *mikva*.[200]

Las familias criptojudías aprovechaban el momento en que los cristianos efectuaban esos rituales para ellos poder llevar a cabo su rito de mikvé o baño ritual. Mikvé es el baño ritual en el que la mujer hace inmersión luego de su periodo menstrual y luego de cumplidos los días señalados después del parto. También es la inmersión que se realiza en los días anteriores a cada festividad, (incluyendo shabbat), para purificarse. Toda persona que desea hacerse parte del pueblo hebreo debe pasar también por el proceso de inmersión. Este ritual lo hacían hombres y mujeres por separado. Era uno de los motivos por los que la Inquisición sospechaba de los criptojudíos. Si eran vistos haciendo el ritual el peso inquisitorial caería sobre ellos serían juzgados por este Tribunal.

En el área de Manatí, al norte de Puerto Rico, existe una playa conocida como Playa Mujeres. Se le dio ese nombre ya que entre el siglo XVII y XVIII, solo se bañaban mujeres en ella y no eran permitidos los varones. Estos, hacían lo propio en la otra playa conocida como Mar Chiquita. Existía una separación entre ambas playas, dando lugar a que se pudiera cumplir de manera segura y fiel con este precepto.

---

[200] Fogel, Keith, Fogel, Marian E. *Conversos of the Americas*. NY, Pajaros-Lopez Publishers, 2004, p. 147.

En el pueblo de Lares existe una hacienda conocida como La Rambla cuyo nombre oficial es la Hacienda Levy. Se construyó en un lugar donde fluyen aguas potables. Por algunos años fue una "fábrica de aguas" a la que llegaban personas de diferentes partes de la isla a buscar agua de manantial. Posee varias estructuras que cumplen con las especificaciones de lo que es un baño para mikvé.[201]

Una costumbre de nuestros abuelos era el colocar un pedazo de pan en el marco de la puerta y darle un beso. Esto se hacía para que nunca faltara el pan y la bendición de Dios en la casa. El judío acostumbra poner una mezuzah[202] en los marcos de las puertas de las casas y es tradición besarla a la entrada o a la salida en muestra de reverencia a las palabras contenidas dentro de ella y para invocar la bendición del Todopoderoso. Los criptojudíos sustituyen la mezuzah por el pedazo de pan para que la bendición no falte en la casa.[203]

Cuando la mujer da a luz, debe permanecer un periodo de tiempo en su casa, separada de ciertas actividades y de la cotidianidad en la comunidad. En Puerto Rico a eso le llamamos la cuarentena. Ángel López Cantos comenta sobre este particular lo siguiente:

> Después de haber dado a luz, las madres tenían que purificarse. Según una costumbre piadosa y que la aceptaba la mayoría de la población, estaba establecido que cualquiera mujer que hubiera parido permaneciera encerrada en su casa hasta que hubieran pasado los cuarenta días, la cuarentena y la primera salida que efectuara tenía que ser a la parroquia, en la que entraría llevando a su hijo en brazos y una vela encendida.[204]

---

[201] https://jsotocolon.wordpress.com/2010/04/20/una-maravilla-en-el-centro-de-nuestra-isla/. Ver también la leyenda de la Rambla en: http://lahojadelares.blogspot.com/2012/01/leyenda-de-la-rambla.html

[202] La mezuzah es un pedazo de pergamino que tiene escrito el pasaje de Deuteronomio 6:4-9 que habla de la unicidad de Di-s y se da la ordenanza de colocar este objeto. Se inserta en una cajita pequeña, que puede ser de cualquier material, y se ponía en las jambas o marcos de las puertas.

[203] http://cabitapr.galeon.com/album1408798.html.

[204] López Cantos, Ángel. *La Religiosidad Popular en Puerto Rico*. San Juan, Puerto Rico, Centro de Estudios Avanzados de Puerto Rico y el Caribe. 1992, p. 15-16.

El periodo denominado cuarentena a todas luces está basado en la costumbre hebrea estipulada en la Torah que especifica cuánto debe esperar una mujer luego de haber dado a luz para incorporarse a sus tareas diarias y a la vida social en general. En el libro de Vayikrá (Levítico), el capítulo doce especifica el proceso que debe seguir la mujer que da a luz y se describe claramente como debe ser la separación y la integración:

> Habla a los hijos de Israel y diles: La mujer cuando conciba y dé a luz varón, estará separada siete días; conforme a los días de su menstruación será impura.
>
> Y al octavo día se circuncidará al niño. Mas ella permanecerá treinta y tres días purificándose de su sangre; ninguna cosa santa tocará, ni vendrá al santuario, hasta cuando sean cumplidos los días de su purificación.
>
> Y si diere a luz hija, estará separada dos semanas, conforme a su separación, y sesenta y seis días estará purificándose de su sangre.
>
> Cuando los días de su purificación fueren cumplidos, por hijo o por hija, traerá un cordero de un año para holocausto, y un palomino o una tórtola para expiación, a la puerta del tabernáculo de reunión, al sacerdote; y él los ofrecerá delante del Eterno, y hará expiación por ella, y será limpia del flujo de su sangre. Esta es la ley para la que diere a luz hijo o hija.
>
> Y si no tiene lo suficiente para un cordero, tomará entonces dos tórtolas o dos palominos, uno para holocausto y otro para expiación; y el sacerdote hará expiación por ella, y será limpia.[205]

De acuerdo a esta ley la mujer no podía salir de su hogar por un tiempo determinado hasta no quedar limpia del flujo de sangre. Luego se presentaba al lugar de reunión o al templo, ante el sacerdote a presentar sus ofrendas. Según lo que comenta López

---

[205] La Biblia. Antigua versión Casiodoro de Reina (1569). Revisada por Cipriano Valera (1602). Libro de Levítico12:2-8.

Cantos, la mujer se presentaba a la Iglesia a llevar a la criatura recién nacida y a encender una vela por ella para su "purificación", mostrando una analogía a lo estipulado a las mujeres israelitas desde la antigüedad, cuando tenían que presentarse al santuario luego de cumplidos los días establecidos después del parto. Aunque el mandato especifica que si es niño son cuarenta días y si es niña son ochenta, la tradición puertorriqueña aplica solo a los cuarenta días para ambos.

Una de las características más distintivas del judío es el bendecir en todo momento. Los rezos y plegarias que hace el judío desde que se levanta hasta que se acuesta a descansar en la noche están impregnados de bendiciones. Se bendice al Todopoderoso por todo, por lo bueno y por lo malo, reconociendo su poder y supremacía sobre todo y sobre todos. Una de las palabras que más se repite en el hablar puertorriqueño es el famoso "*Ay bendito*" también se usan frases como "*Bendito*" y "*Bendito sea Dios*". Estas son expresiones que el judío repite frecuentemente en sus oraciones y por cada eventualidad que le toca de cerca. La posibilidad de que el puertorriqueño utilice esta expresión se deriva del asiduo uso que le daban los judíos y pasó a las siguientes generaciones como parte de la tradición oral.

Nuestras abuelas eran expertas en remedios caseros para diferentes tipos de afecciones. Usaban plantas que tenían en su jardín o especias que poseían propiedades medicinales y curativas. Gran parte de esos remedios provienen de la sabiduría sefardí. Algunos ejemplos son los clavos de olor hervidos para la gingivitis y el dolor de muelas, aceite de oliva tibio para el dolor de oídos, agua caliente con sal para la faringitis, sauco para los catarros y así por el estilo. Para casi todo tenían su remedio casero.[206] Otros remedios como la yema de huevo batida con miel o azúcar, lo que conocemos en Puerto Rico como el ponche de

---

[206] http://javierakerman.blogspot.com/2010/05/los-remedios-tradicionales-de-las.html.

huevo, se usaba para "levantar ánimos". Con esto lo que se buscaba era subir la hemoglobina o dar fuerzas a una mujer recién parida o a una persona que se recuperaba de una enfermedad.

En nuestra cultura se bromea cuando una persona se arregla y se pone sus mejores vestimentas y prendas. Se le dice que no es sábado para que se arregle y se bañe. La observación viene por la tradición judía de hacer la inmersión en el mikvé y asearse bien, luego ponerse los mejores ornamentos los viernes en la tarde para recibir el shabbat o el sábado, el día de la semana que es sagrado para el judío y al que se acostumbra recibir con galas. Siendo el shabbat el día más sagrado de la semana se le recibe con la mayor solemnidad posible, con la misma solemnidad, respeto y entusiasmo que se recibe a una reina, porque así es considerado este día; el día que corona la semana.

La limpieza de pascua es una tradición que se lleva a cabo en muchos hogares cuando llega la cuaresma. Algunos le llaman la limpieza de primavera. Pocos saben que su origen es sefardita. Los judíos acostumbran limpiar completamente su casa cuando llega la época de celebrar la festividad de Pesaj,[207] festividad que coincide frecuentemente, con lo que el cristianismo llama la semana santa, en la primavera. Uno de los mandamientos que se da en la Torah en relación a la festividad de Pesaj es que se debe sacar toda levadura o cualquier vestigio de esta en la casa. Por esto entendemos que no debe haber nada que la contenga como el pan, galletas, cualquier masa a base de harina leudada y otros alimentos que puedan contener levadura o algún fermento entre sus ingredientes. Si se haya levadura en una casa, una vez inicia la festividad se considera una crasa violación al mandato de la Torah.[208] Sobre el particular nos dice Richard Bank:

---

[207] La festividad de Pesaj es una de las festividades mayores dentro de la fe hebrea. En ella se evoca el momento de la salida de los hebreos de la tierra de Egipto. Esta se celebra entre los meses de marzo y abril en el calendario gregoriano.
[208] Éxodo 12:15-20.

> In preparation for Passover, your home must be rid of all yeast. The entire home, and particularly the kitchen, must be cleaned and scrubbed and made yeast-free. Once you are satisfied that everything is in order, a formal search usually takes place on the night before Passover. Any yeast that is found is carefully set aside, wrapped and burned the following morning.[209]

Podemos entender también, que de ahí se desprende la costumbre de algunas personas dentro del cristianismo, de abstenerse de comer pan durante la cuaresma o la semana santa. Es un acto de penitencia que realizan algunos y se hace en respeto al cuerpo de Cristo, ya que según la tradición cristiana él declaró que el pan era representativo de su cuerpo. Esta costumbre fue adoptada por los criptojudíos para poder abstenerse del pan leudado durante la semana que le sigue a la noche de Pesaj, en la cual todo judío se abstiene de comer alimentos leudados como lo es el pan.

Hay una frase que usamos los puertorriqueños y se refiere a la que dice "empezar con el pie derecho". Es una expresión de origen sefardita. Los cabalistas sefardíes recomiendan iniciar cualquier jornada con el pie derecho ya que es el lado de la sabiduría, de la bondad y de la victoria en el árbol sefirótico.[210]

No cabe duda de que nuestros ancestros sefardíes trajeron un gran repertorio de costumbres y tradiciones que, aunque se desconozca su origen o significado, forman parte de nuestra puertorriqueñidad. Hay un gran cúmulo de tradiciones sefarditas en nuestra cultura. Perdido en el tiempo y en lo oculto de nuestras costumbres y de nuestros cotidianos hábitos, el legado de Sefarad está latente en el núcleo de nuestra alma puertorriqueña.

---

[209] Bank, Richard. *The Everything Judaism Book*. Avon, MD, Adams Media, 2002, pp. 158-159.
[210] http://www.delacole.com/cgi-perl/medios/vernota.cgi?medio=sefaraires&numero=34&nota=34-7. Recuperado el 10 de noviembre de 2013.

Gastronomía

Siguiendo con la tradición, la gastronomía puertorriqueña es una variada y exquisita. Contiene una combinación de ingredientes provenientes de las diversas culturas que nos conforman y que dan un sabor único a nuestros platos. Gran parte de esos ingredientes y recetas provienen de la cocina sefardita.

Dentro del judaísmo la mesa es un elemento sumamente importante. Se enseña dentro de la fe hebrea que donde no hay una sinagoga cerca, la mesa se convierte en el altar para reverenciar y reconocer las bondades del Creador. Aparte de que es uno de los elementos necesarios para transmitir las tradiciones culturales hebraicas, como lo establece la Torah:

> Y estas palabras que yo te mando hoy estarán sobre tu corazón. Y las repetirás a tus hijos y hablarás de ellas cuando estés sentado en tu casa.[211]

La frase "sentado en tu casa" se refiere al momento en que toda la familia está reunida a la mesa para compartir los alimentos. Es uno de los momentos más ideales para dialogar, intercambiar ideas y las experiencias del día, pero más que nada para enseñar valores, modales, moral y buena conducta, fundamentadas en las disposiciones de la Torah. Por lo tanto, para el judío la alimentación no es solamente el mero acto de ingerir alimentos como parte esencial del desarrollo y sustento del cuerpo, sino que se considera también como parte del desarrollo y sustento del alma, por eso, en el judaísmo, el alimentarse es visto como un acto sagrado. Ese es el motivo por el que la mesa se convierte en un altar en el momento en que se reúne la familia a partir el pan. Las madres hebreas se valen de la cocina para el deleite de

---

[211] La Biblia. Antigua versión Casiodoro de Reina (1569). Revisada por Cipriano Valera (1602). Libro de Deuteronomio 6:6-7.

la familia y para lograr la unión familiar, confeccionando alimentos sanos, estipulados por las leyes del kashrut.[212] Gil Marks comenta:

> Jewish food is an expression of affection, a true and abiding gift savored in intimacy. Jewish mothers are legendary for using food as an expression of love.[213]

En la parte del kashrut hay una costumbre de nuestras abuelas que consistía en kasherizar[214] las carnes. Se comenzaba por la forma de darle muerte al animal. La manera correcta era degollarlo, no estrangularlo, ni cortar toda la cabeza. Luego se dejaba escurrir toda la sangre. Antes de preparar las carnes las ponían en agua con sal (preferiblemente la sal entera) para terminar de extraer toda la sangre. Se cambiaba el agua en varias ocasiones hasta dejar la carne libre de sangre.[215] Luego se le ponía sal y otros condimentos y se ponía a cocinar o asar. De esa forma ya estaba lista para el consumo.

Nuestras abuelas también tenían por costumbre separar una olla o cacerola que utilizaban solamente para la leche. No se usaba para nada más. Es una costumbre hebrea basada en la porción de la Torah que dice: "No cocerás el cabrito en la leche de su madre".[216] Se le ha dado varias interpretaciones a este pre-

---

[212] La palabra kashrut se refiere a los alimentos que están aprobados por la Torah como aptos para el consumo humano. Se refiere también a la forma de preparar las comidas, teniendo en cuenta los alimentos que no deben mezclase y la forma de servirlos. Otros términos que también se utilizan son Kosher o Kasher.
[213] Marks, Gil. "Introduction", *Encyclopaedia of Jewish Food*. 1st ed. I, 2010, (ix).
[214] El término kasherizar se utiliza para designar el procedimiento de preparar un alimento o cualquier otro elemento, en uno apto para el consumo o uso humano.
[215] La Torah prohíbe terminantemente el consumo de sangre. Según lo estipulado en Levítico 3:17: "Estatuto perpetuo será por vuestras edades, dondequiera que habitéis, que ninguna grosura ni ninguna sangre comeréis". Además, en Levítico 7: 26-27, Levítico 17:12-14, 19: 26, Deuteronomio12:16, 23, 27 y Deuteronomio 15:23 son las referencias que hay en la Torah con relación a este precepto.
[216] Éxodo 34:26.

cepto. Algunos lo interpretan como que no se debe mezclar lácteos con carnes. Por ese motivo se usaba un recipiente aparte, solo para la leche. También la costumbre de tener una vajilla separada solo para los sábados proviene de nuestros ancestros sefarditas.

La cocina puertorriqueña posee gran variedad de ingredientes y elementos que están presentes en la cocina sefardita. Con la llegada de los españoles a tierras americanas, se integraron a nuestra cocina muchos ingredientes autóctonos de España que forman parte de la tradición culinaria sefardí. Entre ellos podemos encontrar las olivas (aceitunas), los ajos, las cebollas, el laurel, entre otros. Alimentos procesados como el pan (de trigo), el vino y el aceite entre otros, también son parte de ese acervo gastronómico que llegó con los sefarditas. Muchos de esos ingredientes se utilizaron con ingredientes autóctonos de América y de Puerto Rico para crear una fusión que pasó a convertirse en parte esencial de la cultura puertorriqueña. Un ejemplo de ello es el famoso sofrito. La mezcla de cebollas, ajos, pimientos, cilantro, culantro, ají, aceite y sal en un mortero se convierten en este gustoso extracto que es parte imprescindible de la gran mayoría de los platos tradicionales de la cocina puertorriqueña.

Dentro de las recetas tradicionales puertorriqueñas que tienen su origen en la tradición sefardí podemos encontrar las siguientes: albóndigas, arroz con dulce, arroz con leche, arroz con pollo, barriguitas de vieja, bizcocho, boyo (pan de hogaza), budín, buñuelos, donas, dumplings, empanada o empanadilla, escabeche, fideos, flan, fricasé, guisado (sancocho),[217] hojaldre (pastelillos de repostería), mallorcas, palitos de Jacob, pan pita,

---

[217] El tradicional sancocho puertorriqueño tiene su origen en el hamín (cholent en la tradición asquenazí), un guisado que se prepara el viernes en la tarde para el recibimiento del shabbat (sábado) que consiste en una especie de sopa con carne de cordero o res con huesos, papas, vegetales y granos. El puertorriqueño le da variedad añadiéndole otros tubérculos y especias autóctonas.

rellenos de papa, tortilla de huevos, entre otras.[218] Estas y algunas otras recetas, han sido modificadas pero su origen encierra la esencia de la herencia gastronómica sefardí.

El ladino

La lengua castellana es una de las más ricas y más ilimitadas que existe. Es el cúmulo de un extenso vocabulario proveniente de diversas lenguas, dialectos y vocablos de diferentes lugares. Una de las más importantes aportaciones al español lo es el ladino. El ladino es la lengua que hablaban los sefarditas en España y que trajeron en su bagaje cultural a nuestro hemisferio. Es conocido también como judezmo y como espaniolit. El ladino o lengua sefardí, es una lengua que se origina a partir del castellano medieval, con elementos del hebreo y también del arameo. Keith y Marian E. Fogel nos dicen sobre el ladino:

> This spoken language is a combination of Hebrew and ancient Spanish with a subtle blend of words taken from other dialects which originate from the regions that the crypto-Jew had emanated.[219]

Cuando se dio la expulsión de los judíos de la península Ibérica, difundieron esta lengua por las diferentes regiones a donde fueron, pero también adoptaron palabras de las lenguas de esos lugares. Es por esto que el ladino no es una lengua muerta, aún se mantiene viva, aunque aparece arcaica en algunos lugares porque mantiene su esencia intacta. Paloma Díaz-Mas nos comenta con relación a ella:

> Se fue forjando así el lugar común de que el judeoespañol era una lengua arcaica y fosilizada, que se había mantenido prácticamente inalterada desde el lejano siglo XV de la expulsión. Y esta idea ha

---

[218] Marks, Gil. *Encyclopedia of Jewish Food*. John Wiley & Sons, Inc. Hoboken, NJ. 2010.
[219] Fogel, Keith, Fogel, Marian E. *Conversos of the Americas*. NY, Pajaros- Lopez Publishers, 2004, pp. 147-148.

hecho que tantas veces se olvide que una lengua no puede vivir sin transformarse, sin evolucionar, sin cambiar.

El habla de los judíos sefardíes presenta, desde luego, rasgos arcaicos debidos al conservadurismo de una lengua que ha vivido siglos en situación de aislamiento, pero, como lengua viva que es, ha sufrido también un proceso de transformación a lo largo de la historia.[220]

Esta lengua pasó a ser el distintivo de los judíos que salieron de Sefarad y de sus descendientes en aquellos lugares donde fueron diseminados luego de la expulsión de España. Todavía en muchas regiones europeas y de los países del levante, el ladino es una lengua viva. En un viaje que realizara mi hermana con su esposo a la isla de Rodas, tuvieron la oportunidad de conocer a un anciano sefardita que tenía unos 75 años, sobreviviente del holocausto. Iniciaron una conversación, él en ladino y mi hermana y mi cuñado en español y se entendieron perfectamente. Por lo tanto, es una lengua que se mantiene viva.

Muchos de nuestros abuelos pronunciaban algunas palabras de otra manera, lo que nos hacía pensar que, tal vez, por su falta de escolaridad o por analfabetismo no conocían su correcta pronunciación, pero en realidad estaban hablando ladino. Algunas de las palabras del ladino que podemos reconocer son:[221]

Abergüensar	Abrir
Adobar	Afeitar
Agora	Alebantar
Ansí	Ansina
Antier	Antonces

---

[220] Paloma Díaz-Mas. *Los Sefardíes: historia, lengua y cultura.* Barcelona, España, Riopiedras Ediciones, 2006, p. 123.
[221] Pascual Recuero, Pascual. *Diccionario Básico Ladino-Español.* Barcelona, España, Riopiedras Ediciones, 1977.

Aónde	Arecordar
Arematar	Arodear
Asegún	Asubir
Ayga	Bianda
Dezmentar	Emprestar
Enantes	Embotonar
Endelantre	Enflorecer
Enfrente	Espareser
Empeluzar	Estruir
Fazer	Jaber
Jaragán	Kulantro
Laborar	Lamber
Luenga	Madrasta
Mamparar	Mezmo
Modrer	Nemistad
Odrenar	Onde
Ora	Padrasto
Paridora	Pelegrino
Preder	Pueder
Ralo	Redoblado
Rekodrar	Rempujar
Repentimiento	Repulgo
Sabuko	Sayo
Seguransa	Tamién
Tornar	Yelo

Hoy en día es poco lo que se conserva de esa lengua en nuestro vocabulario, pero hay palabras de uso cotidiano que todavía subsisten en nuestro español y que son parte del ladino.

Refranero

Los refranes son dichos comunes que son parte fundamental de diferentes culturas que los utilizan como un medio para transmitir un mensaje y en algunos casos se utilizan a manera de código para comunicar algún ejemplo o consejo.

El judío, como muchos otros grupos culturales, acostumbra a hablar y enseñar con proverbios o refranes. Es una costumbre que se remonta a los tiempos bíblicos y el ejemplo más claro de ello es el Libro de los Proverbios en la Biblia, que se le atribuyen al rey Salomón, el hijo del rey David. Es una recopilación de refranes que encierran una enseñanza o moraleja apegada a las enseñanzas de la Torah, para llevar un mensaje o impartir la sabiduría ancestral.

Los grandes maestros de la Torah a través de todos los tiempos han impartido sus enseñanzas utilizando el proverbio, la metáfora o la parábola. Es un método que se utiliza para promover el pensamiento crítico y analítico de los discípulos y oyentes. Ana María Shua hace un comentario con respecto a este asunto:

> Pero, además, la contradicción, la diversidad de interpretación, la apertura a todos los significados posibles, es típica del pensamiento judío y uno de sus grandes méritos. Así como no existe entre los rabinos ningún tipo de jerarquía, tampoco la hay entre sus opiniones. En la interpretación de la ley, el Talmud ofrece todas las variantes posibles; cada uno de los sabios que intervienen en la discusión aporta su propia opinión y entre estas opiniones diversas y a veces contrapuestas no siempre queda claramente establecido

cual es la correcta. Esa aparente confusión es otra de las características del pensamiento judío: la verdadera sabiduría es aquella que permite la discusión y la duda.[222]

El judío practicante se sujeta a la sabiduría de su pueblo que no es otra que la Torah y con ella todas las moralejas, citas, consejos y refranes o dichos que encierran parte de esa sabiduría milenaria.

La tradición puertorriqueña, como la judía, asume también el uso del refrán incluyendo muchos de origen sefardí, para dar una enseñanza o consejo. Entre los refranes más populares en Puerto Rico, que son de origen sefardita, podemos mencionar algunos como los siguientes:

- A grano a grano, hincha el papo la gallina.
- A la ciudad que fueres haz lo que vieres.
- A quien madruga Dios lo ayuda.
- Aguas pasadas no mueven molinos.
- A buen entendedor con pocas palabras basta.
- Ahogarse en un vaso de agua.
- Cada loco con su tema.
- Cobra buena fama y échate a dormir.
- Como dos en zapato.
- Cuando eche pelos la rana.
- Cuando el gato se va de casa, hacen fiesta los ratones.
- De rabo a cabo.
- Dime con quien irás y te diré lo que harás.
- El perro del hortelano, ni come ni deja comer.
- En boca cerrada no entran moscas.
- En tierra de ciegos, el tuerto es rey.
- Fin que tu ibas ya yo venía.
- Hacer de tripas corazón.

---

[222] Shua, Ana María. *Sabiduría Popular Judía*. Rosario, Argentina. Ameghino Editora S.A. 1998, pp. 10-11.

- Haz bien y no mires a quien.
- Más vale solo que mal acompañado.
- Pagan justos por pecadores.
- Rey muerto, rey puesto.
- Tener fuerza de cara. [223]

Algunos de estos refranes, aunque el sentido y el significado son los mismos, han sufrido modificaciones ya que son transmitidos por vía oral dependiendo del lugar y el tiempo. Estos dichos populares, el ladino y la transmisión oral siguen siendo parte de la gran herencia que nuestros ancestros sefarditas nos han legado.

Genealogía

El estudio de la genealogía es uno que ha fascinado durante mucho tiempo a historiadores y varias personas en general. La genealogía es el estudio y análisis del linaje ascendente o descendiente de una persona o grupo familiar.[224] Como fin primordial tiene el hacer investigaciones para recopilar datos e información de antepasados. Es considerada una de las ciencias auxiliares de la historia ya que provee antecedentes y testimonios de antepasados y sus orígenes.

Una de las formas de trabajar la genealogía es a través de la historia oral. Las personas de mayor edad dentro de una familia son las que aportan gran información en el momento que se hace la búsqueda pertinente. Siempre tomando en cuenta que lo que se transmite verbalmente puede tener sus ambigüedades ya que la persona que informa puede quitar o añadir a su conveniencia, por olvido o por omisión y le puede añadir también el toque emocional, dándole más énfasis a un evento, personaje o lugar

---

[223] Foulché-Delbosc, Raimundo. *1313 Proverbios Judeoespañoles*. Barcelona, España, Ediciones Obelisco, 2006.
[224] Diccionario de la Real Academia Española, edición digital. En: http://lema.rae.es/drae/?val=genealog%C3%ADa

más que a otros. Pero aun así sigue siendo la transmisión oral una fuente primaria sumamente importante en la investigación histórica y la que predomina en cuanto a la investigación genealógica se refiere.

El pueblo de Israel se ha caracterizado por darle importancia a la genealogía desde sus inicios. Es a través de ella que se logra mantener un enlace y afinidad con los antepasados y con la herencia cultural y espiritual que nos precede. En el primer libro de la Torah, el libro de Génesis (Bereshit), encontramos la primera lista genealógica en la que se reseña la línea de Abraham. De ahí en adelante se siguen contando las genealogías con los descendientes de Jacob y en varias porciones bíblicas vemos cómo se siguen enumerando diferentes genealogías, ligadas a diversos personajes que han sido baluartes en la historia del pueblo hebreo.[225] Esto es reflejo de la importancia de mantener un vínculo familiar con los antepasados, en todas las generaciones, y que las familias mantengan un estrecho lazo vital con su linaje. Ese es uno de los medios para lograr perpetuar las tradiciones que son distintivo del pueblo hebreo, pero más que nada preservar la identidad que los define como *pueblo escogido*.[226]

---

[225] La Biblia. Antigua versión Casiodoro de Reina (1569). Revisada por Cipriano Valera (1602). Libro de Génesis 5, 11, 35 y 46, Éxodo 6, 1 Crónicas 2 y 7.

[226] Desde la antigüedad el pueblo de Israel se apartó de las costumbres politeístas de los pueblos que los circundaban y adoptaron el monoteísmo como su distintivo de fe, centrándose en la adoración a un solo Dios Único. Esto lo convierte en un pueblo, más que diferente, en un pueblo sujeto a las leyes adscritas a la Torah y por ende a Dios. Este concepto de pueblo escogido no es visto por los judíos como exclusividad. Sobre este particular encontramos un comentario en el Sidur de oraciones que dice: "Ningún otro concepto del judaísmo ha sido sujeto a malinterpretaciones y distorsiones como la expresión de 'Pueblo Elegido'. Algunos le han atribuido un sentido de orgullo exclusivista de casta o de superioridad racial a pesar de que en el judaísmo un prosélito de cualquier raza, color u origen nacional es aceptado como un judío total y auténtico." El pueblo de Israel fue elegido, no con el fin de tener privilegios especiales, si no con la misión de dar a conocer la voluntad de Dios a otros pueblos. De este modo ser el "pueblo elegido" se traduce en obligaciones y responsabilidades morales, sociales y espirituales. Citamos al Rabí Meir Matzliah Melamed quien comenta: "El hecho de que las más importantes religiones del mundo civilizado y los ideales de la democracia

Un elemento importante en la genealogía son los apellidos. El apellido es la insignia particular que lleva una familia y, en casi todas las culturas, se trasfiere por la línea del padre. El apellido pasa a ser parte esencial en la identidad de la persona. Muchos de los apellidos que portamos los descendientes de los que llegaron a América desde la Península Ibérica, son apellidos de origen sefardita. En la época en que se legisla en España para expulsar a los judíos, muchos de ellos cambiaron su identidad para poder librarse de la mano inquisidora de la Iglesia. Fueron dos los principales motivos por los que lo hicieron; el primero fue ocultar su identidad en el criptojudaísmo. El segundo fue realizar el acto de conversión al catolicismo para demostrar ante la Iglesia y la sociedad que la conversión era legítima.

En el primer caso, los judíos que hacen una supuesta conversión manteniendo oculta su fe ancestral adoptan, en su mayoría, los apellidos toponímicos, relacionados a su lugar de origen, a su oficio o empresa, o a elementos de la naturaleza. Buscaban ocultar su origen, pero sin un apego al catolicismo. Entre estos apellidos encontramos los apellidos Peña, Luna, Robles, Flores, Montes, Nieves, Roca, Burgos, Madrid, Navarro, Valle, Herrero, Zapatero, Puente y Toledo entre otros. En el segundo caso, al hacer conversión al cristianismo adoptaban apellidos relacionados a elementos de la Iglesia o al santoral católico para demostrar una genuina conversión. Ejemplo de ello son los apellidos Cruz, Rosario, De Jesús, Santos, De Dios, Iglesias, Santamaría, Santamarina, San Pedro y Bautista entre otros.[227]

Otra línea de apellidos característicos de los judíos ibéricos son aquellos apellidos que llevan la terminación *ez*. Este sufijo se utilizaba para distinguir a familias de un mismo linaje. Ejemplo de ello es

---

universal se han derivado de la herencia espiritual de Israel, es en sí mismo un testimonio elocuente de la validez de esta elección." *Sidur Ha-Mercaz (Libro de oraciones)* Centro Educativo Sefaradí, Jerusalem, 1988, pp. 291-292.

[227] González Bayo, Malka. *Los Apellidos Judeoespañoles*. Barcelona, España, Ediciones Obelisco, 2007, pp. 166-261. Ver en el apéndice 5, el listado de apellidos de origen sefardí.

González, hijo de Gonzalo, Hernández, hijo de Hernán y así por el estilo. Entre los judíos es característico reconocer a una persona en el carácter de ser hijo; en hebreo esta distinción se pronuncia *ben*, que quiere decir precisamente eso, hijo. En las genealogías sefarditas el ser llamado hijo de…, seguido por el nombre del padre es un orgullo y un honor familiar que se preserva desde la época de los patriarcas. Muchos judíos mantuvieron su apellido de origen hebreo ya que no hicieron conversión, por lo tanto, no se vieron precisados de hacerlo. Siguieron usando sus apellidos y por consiguiente lo trasmiten a futuras generaciones.[228]

Ahora bien, si es muy cierto que el apellido se trasmite de generación en generación, también es cierto que el llevar un apellido sefardita no necesariamente, convierte a una persona en descendiente directo de judíos españoles. Un detalle que no podemos pasar por alto es que, al iniciarse la conquista y colonización de los nuevos territorios en América, los españoles sometieron a la población de nativos convirtiéndolos en mano de obra para su beneficio y le impusieron, entre otras cosas, el cristianismo como su nueva religión. Como primordial requisito para ser cristiano es necesario pasar por el ritual del bautismo. A los aborígenes en América se les bautizaba para cristianizarlos y al hacerlo se les asignaba un nuevo nombre cristiano y un nuevo apellido, que en la gran mayoría de los casos eran los apellidos del sacerdote que los bautizaba o los apellidos del encomendero[229] que los tenía bajo su mando.

El mismo proceso ocurría con el esclavo que se traía de África. El amo, al adquirirlo, le asignaba un nombre y apellidos

---

[228] Ibíd.

[229] El encomendero era la persona a cargo de una Encomienda. La Encomienda fue una institución característica de la colonización española en América y se entendía como el derecho que daba el Rey a un súbdito español, en compensación de los servicios que había prestado a la Corona, para recibir los tributos o impuestos por los trabajos que los indios debían cancelar a la Corona. A cambio el español debía cuidar de ellos tanto en lo espiritual como en lo terrenal, preocupándose de educarlos en la fe cristiana.

cristianos que casi siempre eran los del mismo amo. En este caso el acto era más para identificarlos, que para cristianizarlos.

Teniendo esto en consideración, hoy en día el apellido no es evidencia suficiente que demuestre que una persona es descendiente directo de judíos sefarditas. Actualmente la ciencia, nos provee una alternativa que propicia el conocer con firme certeza si la persona es descendiente de judíos. Esa alternativa es el ADN. El ADN es la abreviación de ácido desoxirribonucleico y es lo que contiene instrucciones genéticas usadas en el desarrollo y funcionamiento de los organismos vivos. Es una prueba que demuestra con un estrecho margen, (por no decir que es exacto), si la persona es descendiente de judíos o de cualquier otra etnia. Las pruebas de ADN se han hecho muy populares en los últimos años ya que también se utilizan para determinar la paternidad o la línea consanguínea de una persona. Existen al día de hoy varios lugares que se dedican a la realización de esta prueba para determinar la ascendencia de una persona.[230]

Los judíos como etnia son identificados por un grupo en particular por el ADN. El grupo J, J1 y J2 es la línea que los identifica, siendo el J1 la que identifica más específicamente a los del linaje sacerdotal. Jon Entine hace la siguiente acotación sobre estos grupos genéticos:

> Originated about 45,000 years ago in central Asia and is associated with the spread of farming and herding in Europe during the Neolithic Period, beginning 10,000 years ago. Common in the Near East, Europe, the Caucasus, North Africa and the Middle East and among Jews, J2 is more localized in the Mediterranean.
>
> Arose 10,000 to 15,000 years ago in the Fertile Crescent, includes Jews, Arabs, Armenians and Kurds. Found at its frequencies in Iran and Iraq, from where it most likely originated, end then was carried by traders into Europe, central Asia, India and Pakistan. J2, which is believed to be associated with the spread of agriculture during the Neolithic Period from Anatolia, is found throughout

---

[230] http//:familytreedna.com

central Asia, the Mediterranean, and south into India. While the majority of haplogroup J is not Jewish, the majority of Jewish men fall into J. The Cohen Modal Haplotype is found in haplogroup J1.[231]

En Puerto Rico se han encontrado casos de personas que buscando sus antepasados se han topado con que tienen en sus venas la sangre sefardí. Un ejemplo de ello es el del Dr. José E. Quiñones Segarra. En una entrevista realizada por una estudiante sobre este tema, el Dr. Quiñones afirma su herencia sefardí a través de su linaje paterno y reconoce que su caso no es el único, sino que hay más personas en Puerto Rico que también pertenecen a esta estirpe hebrea.[232] La investigación sobre este tema de la genealogía por ADN es amplia, aunque en Puerto Rico todavía no hay un profundo conocimiento sobre el tema, si se han llegado a encontrar casos de puertorriqueños que poseen esta herencia, la herencia sefardita.

Estudios genéticos también han demostrado que hay ciertas condiciones de salud o síndromes que son únicos de la etnia hebrea, ya sea sefardita o asquenazi, y que se manifiestan en algunos puertorriqueños. En los descendientes de los sefarditas encontramos las siguientes condiciones: ataxia-telangiectasia, autoinmune polyglandular síndrome, cerebrotendinous xantomatosis, complement C7 deficiency, congenital adrenal hiperplasia, congenital myasthenia gravis, corticosterone methyl oxidase tipo II deficiency, Creutzfeld-Jacob disease, cystinosis, cystinuria, Deubin-Johnson síndrome, 11-ß hydroxilase deficiency, familial hypercholesterolemia, familial mediterranean fever, Glanzmann thrombasthenia, glucose-6-phosphate dehydrogenase deficiency, glycogen storage disease, type III, hereditary inclusión body myophaty, limb-girdle muscular dystrophy with

---

[231] Entine, Jon. *Abraham's Children. Race, Identity, and the DNA of Chosen People.* New York, NY. Grand Central Publishing, 2007, pp. 356, 360.
[232] http://youtu.be/pvjvJW_fBhk. Entrevista al Dr. José E. Quiñones Segarra, médico oriundo del pueblo de Lares, en Puerto Rico.

inflammation, phenylketonuria, metachromatic leukodystrophy, oculopharyngeal muscular dystrophy, Tay-Sachs disease, Tel Hashomer camptodactyl síndrome y thalassemias.[233]

Aunque estas son condiciones de los descendientes de sefarditas, hay otras condiciones características en los descendientes de los asquenazis y que también se presentan en los puertorriqueños, como lo son el Parkinson, el mal de Chron, fibrosis cística y el cáncer colorectal de tipo congénito.[234]

Todavía queda mucho por conocer en el campo de la genética. Lo cierto es que los puertorriqueños somos descendientes de ibéricos que se asentaron en la isla y que muchos de ellos, como hemos visto antes, son descendientes de judíos sefarditas que llegaron a las Américas en el momento histórico del auge inquisitorial, muchos de ellos ocultos en la ignorancia causada por el camuflaje críptico de la fe.

---

[233] Entine, Jon. *Abraham's Children. Race, Identity, and the DNA of Chosen People.* New York, NY. Grand Central Publishing, 2007, pp. 380-381.
[234] Ibíd., p. 379.

CONCLUSIONES

En el siglo XX ya se da una presencia judía en Puerto Rico más abierta y marcada, fuera del encierro criptojudaico. Con la llegada de los norteamericanos en 1898, llega también la libertad de culto, libertad de reunión y libertad de expresión.

En un censo realizado en 1898 se registran los nombres de Jacob Benjamin y Samuel Levi como residentes en Ponce. También se registran unos diecisiete judíos en la base militar norteamericana también en Ponce. Estos estaban entre los soldados asignados allí por el ejército norteamericano.[235] Entre 1898 y 1905 se trató de constituir una sinagoga en la isla. Se reunían en el telégrafo de la Ciudad Señorial varias familias norteamericanas y francesas con varios soldados norteamericanos.[236]

La comunidad judía en Puerto Rico, poco a poco, va creciendo con la anexión de otros judíos provenientes de Cuba, Venezuela y otras partes del Caribe y Latinoamérica que vieron el cambio de soberanía como una vía de escape para obtener libertad religiosa y libertades también en otros aspectos.

A pesar de varios intentos a principios del siglo XX, es en el 1930 que se comienza a organizar formalmente la comunidad judía en San Juan. Estos se han incorporado a la sociedad puertorriqueña sin perder su identidad y realizan valiosas aportaciones. Su comunidad ha estado al servicio de actividades culturales, cívicas y educativas, las cuales llevan a cabo en forma individual y colectiva en las sinagogas, el lugar de reunión de la comunidad.

Hay datos también sobre la llegada de los judíos a las bases militares en Puerto Rico. Se establecieron con el propósito de brindar adiestramiento militar a los soldados reservistas en Puerto Rico. En los años '70 hubo una migración israelita en Ponce, estableciéndose

---

[235] *Los Judíos en Puerto Rico*. Museo de San Juan, San Juan, 2005, p. 14.
[236] Ibíd., p. 15.

allí para trabajar y desarrollar la agricultura. Han aportado en términos de capital económico, en el desarrollo de las industrias, la banca, la ciencia, la reglamentación judicial, la política y los negocios. En la vida cívica, su aportación ha sido notable. Son comunidades bien organizadas y con un servicio amplio a la sociedad.

Varios llegaron de Estados Unidos a trabajar con factorías y aportan al acervo económico de la isla. Sobre este asunto hayamos un comentario en el artículo "Los Judíos en Puerto Rico":

> Se establecieron varias industrias tabacaleras en la isla, operadas por familias judías. Otros judíos arribaron como representantes de compañías estadounidenses como la Consolidated Tobacco Company como Aaron Levin y Simón Benus, fueron figuras importantes en la formación del Centro Comunitario Judío. También se establecieron fábricas de muebles, alimentos, provisiones, diamantes y efectos de cuero, muchas en Caguas y Cayey.[237]

Por otro lado, algunos negociantes se establecieron también en Puerto Rico. Entre ellos los hermanos Kogan y Aaron Levin que fundaron la New York Department Store. Simon Benus desarrolló el primer centro comercial conocido como Bayamón Shopping Center. Fue él quien también desarrolló la urbanización Venus Gardens. Otras empresas como la Destilería Carioca Rum en Palo Seco (hoy Destilería Bacardí) también fueron desarrolladas por judíos. Otros se destacaron en la medicina y en la ciencia.

Los judíos jugaron un papel importante en el programa de Manos a la Obra durante la administración del gobernador Luis Muñoz Marín. Este concepto se basaba en "la industrialización por invitación". Se promovía el establecimiento de nuevas industrias con incentivos a términos de diez a treinta años. En este programa aportaron gran capital, infraestructura y empleos en lo que se llamó Fomento Económico. Una de las áreas que se trabajó bajo este plan, fue la

---

[237] Ibíd., p. 17.

construcción de caminos y carreteras a lo largo de la Isla. Un judío de apellido Levitt fue uno de los que trabajó en el diseño y planificación de este proyecto. Dentro de la planificación se tomó en cuenta que las vías serían utilizadas por transeúntes a pie, por lo que se consideró la siembra de árboles de sombra y también árboles frutales para el caminante. Con esta planificación se cumplió con uno de los mandatos que hay en la Torah que habla sobre considerar al viajero o al pobre y al extranjero para que se alimente y se pueda refrescar.[238]

Industrias como la de la aguja y los textiles también tuvieron gran auge en la industrialización de la isla bajo este programa. Las artes, la educación, la infraestructura, la banca, el periodismo y otras áreas también son campo destacado de los judíos en Puerto Rico. Supermercados Pueblo, Kress, Donato, Doral Bank, Me Salvé, entre otros también fueron fundados por empresarios judíos.

Para 1970 llegaron judíos directamente de Israel a trabajar los proyectos agrícolas de empresas como April-Agro, Isprac y Fruits International, entre otras. En la región de Santa Isabel se establecieron utilizando un novedoso sistema de irrigación que logró desarrollar el área agrícola.

Por otro lado, varias sinagogas se han establecido en la Isla, casi todas en el área metropolitana. La Sinagoga Shaare Zedeck es la primera en establecerse formalmente en Santurce en el área de Miramar siendo de orden Conservadora. Son más abiertos a compartir con el público. Los movimientos reformistas son más permisivos en cuanto a la observancia de la Torah ya que no la consideran como un código de Ley apegado a Dios y que se debe obedecer, sino como un libro que narra la historia de sus antepasados. Observan las festividades más por tradición y costumbre. También hay movimientos apegados a lo que se conoce como el judaísmo ortodoxo. En el área de Mayagüez se inauguró en la

---

[238] La Biblia. Antigua versión Casiodoro de Reina (1569). Revisada por Cipriano Valera (1602). Levítico 19:9-10.

década del 2000 un grupo de corte ortodoxo, pero no logró el propósito de establecerse como una comunidad privada y exclusiva. Estos son grupos con una alta influencia asquenazí, por lo que tienden a ser más herméticos a reconocer a otros grupos.

Beth Ha Kenéset Abraham Shalom en el pueblo de Ceiba, es una congregación de judíos por linaje o por elección, que se aferran a la observancia de la Torah íntegramente. Son apegados a la tradición sefardita, reconociendo que son de ese linaje. Tienen su sinagoga debidamente constituida con su rollo de la Torah, donde se reúnen a estudiarla junto a los escritos de los grandes sabios de Israel y cumplen con todas las festividades y normas establecidas en la Torah. No son un grupo mesiánico. No son aceptados como judíos por los otros tres principales grupos ya que no se les reconoce su conversión. Aparte de que, dentro de los otros grupos, afirman que para ser judíos es necesario ser reconocidos por las sinagogas registradas en la Isla, lo que no es norma dentro del judaísmo y mucho menos dentro de la Torah.

Existen muchos otros grupos en la Isla que se autodenominan judíos mesiánicos.[239] Son grupos que adoptan algunas cosas del judaísmo como el uso de la kippa, la menorah o candelero de siete brazos, la bandera de Israel y otros elementos hebraicos que les atraen, pero siguen más apegados a lo que llaman el Nuevo Testamento y a las enseñanzas paulinas, dejando de lado las enseñanzas de la Torah y manteniendo la doctrina de la sustitución como rechazo al pueblo de Israel.

Hay también movimientos que se están acercando al estudio de la Torah y a la obediencia a la misma. Aunque no se consideran judíos, estos entienden que la Torah es para toda la humanidad y que el observarla debe ser parte integral de todo ser humano que desee llevar una vida correcta.

---

[239] El judaísmo mesiánico es un concepto adoptado por grupos religiosos que se han apegado a varios elementos de la fe hebrea, pero siguen siendo seguidores de la figura grecorromana de Jesucristo (no el Yahshúa hebreo) y de Pablo, manteniendo las tradiciones y la forma de adoración cristianas.

Quinientos años después, en las efemérides de la celebración del quinto centenario de la llegada de Cristóbal Colón a América, España y Portugal reconocieron el gran error que fue expulsar a los judíos de sus territorios. En aquel entonces el presidente de Portugal, Mario Soares, pidió perdón públicamente por el sufrimiento y el dolor que su país había infligido a los judíos desalojados. De la misma manera, en la sinagoga Beit Yaacov en Madrid, el Rey Juan Carlos anuló oficialmente el Edicto de Expulsión. Por otro lado, el Papa Juan Pablo II, en 1998, también pidió perdón por los errores cometidos por la Inquisición y reconoció ese periodo como un capítulo oscuro en la historia de la Iglesia. Fue tarde, pero llegó.

Hoy se están abriendo las puertas a los descendientes de aquellos judíos que tuvieron que abandonar a la querida Sefarad en apesadumbradas condiciones. La Península Ibérica reconoce que fue un craso error deshacerse de sus judíos y ahora abre sus puertas, no solo las literales, sino también las puertas del reconcilio y de la unidad, para recibirlos a través de sus descendientes. Recientemente se presentó legislación a esos efectos para, a manera de disculpa, promover el que los sefarditas dispersos en los territorios a los que fueron, tras la expulsión, retornen y vuelvan a hacer de España la Sefarad amada, para colocarla de nuevo en el sitial que ocupó en Europa en los tiempos del florecimiento de la edad de oro sefardí. Tras la entrada en vigor de esta reforma del Código Civil, los judíos descendientes de aquellos sefardíes expulsados que soliciten ser reconocidos como españoles podrán conservar su nacionalidad de origen.[240]

Sefarad, aquella antigua Tarsis, que fue el hogar de nuestros antepasados y que utilizó sus navíos para traernos a América y a los lugares a los que fueron dispersados nuestros ancestros, hoy se convierte en el vehículo que nos llevará de regreso a nuestros orígenes. Regresaremos reivindicados, con las riquezas que nos

---

[240] http://eltiempolatino.com/news/2014/feb/13/espana-reconoce-los-judios-sefarditas/#sthash.jHe9NKs6.dpuf

fueron arrebatadas y con el prestigio y el reconocimiento que teníamos cuando España se llamaba Sefarad. Así lo expresó el vidente Yisayah (Isaías):

> Ciertamente a mí esperarán los de las islas, y las naves de Tarsis desde el principio, para traer tus hijos de lejos, su plata y su oro con ellos, al nombre de Adonai tu Poderoso, y al Santo de Israel, que te ha glorificado.[241]

El tiempo le ha dado a la historia de los sefarditas el lugar que muy bien se merece. Más que el lugar que nos corresponde en Sefarad, la mayor aspiración de todo buen descendiente de hebreos es llegar a Eretz Israel y desde allí ver el retorno, no solo de los sefarditas al Neguev, su territorio prometido, sino de los hebreos de todo el mundo, a Jerusalem. Permita el Todopoderoso de nuestros padres que sea pronto y en nuestros días.

---

[241] La Biblia. Antigua versión Casiodoro de Reina (1569). Revisada por Cipriano Valera (1602). Isaías 60:9.

APÉNDICES

Apéndice 1

Imagen del Decreto de Expulsión de los judíos en España en el que se pueden apreciar las firmas de los Reyes Católicos

Apéndice 2
Transcripción del Edicto de Expulsión de Granada.
(Tanto este documento como el de la respuesta de los judíos a los reyes han sido transcritos tal como se escribieron, en el castellano de la época.)

Los Reyes Fernando e Isabel, por la gracia de Dios, Reyes de Castilla, León, Aragón y otros dominios de la corona- al príncipe Juan, los duques, marqueses, condes, órdenes religiosas y sus Maestres, … señores de los Castillos, caballeros y a todos los judíos hombres y mujeres de cualquier edad y a quienquiera esta carta le concierna, salud y gracia para él.

Bien es sabido que en nuestros dominios, existen algunos malos cristianos que han judaizado y han cometido apostasía contra la santa fe Católica, siendo causa la mayoría por las relaciones entre judíos y cristianos. Por lo tanto, en el año de 1480, ordenamos que los judíos fueran separados de las ciudades y provincias de nuestros dominios y que les fueran adjudicados sectores separados, esperando que con esta separación la situación existente sería remediada, y nosotros ordenamos que se estableciera la Inquisición en estos dominios; y en el término de 12 años ha funcionado y la Inquisición ha encontrado muchas personas culpables además, estamos informados por la Inquisición y otros el gran daño que persiste a los cristianos al relacionarse con los judíos, y a su vez estos judíos tratan de todas maneras a subvertir la Santa Fe Católica y están tratando de obstaculizar cristianos creyentes de acercarse a sus creencias.

Estos Judíos han instruido a esos cristianos en las ceremonias y creencias de sus leyes, circuncidando a sus hijos y dándoles libros para sus rezos, y declarando a ellos los días de ayuno, y reuniéndoles para enseñarles las historias de sus leyes, informándoles cuando son las festividades de Pascua y como seguirla, dándoles el pan sin levadura y las carnes preparadas ceremonialmente, y dando instrucción de las cosas que deben abstenerse con relación a alimentos y otras cosas requiriendo el seguimiento de las leyes de Moisés, haciéndoles saber a pleno conocimiento que no existe otra ley o verdad fuera de esta. Y así lo hace claro basados en sus confesiones de estos judíos lo mismo a los cuales han pervertido que ha sido resultado en un gran daño y detrimento a la santa fe Católica, y como nosotros conocíamos el verdadero remedio de estos daños y las dificultades yacían en el interferir de toda comunicación entre los mencionados Judíos y los Cristianos y enviándolos fuera de todos nuestros dominios, nosotros nos contentamos en ordenar si ya dichos Judíos de todas las ciudades y villas y lugares de Andalucía donde aparentemente ellos habían efectuado el mayor daño, y creyendo que esto seria suficiente de modo que en esos y otras ciudades y villas y lugares en nuestros reinos y nuestras posesiones seria efectivo y cesarían a cometer lo mencionado. Y porque hemos sido informados que nada de esto, ni es el caso ni las justicias hechas para algunos de los mencionados judíos encontrándolos muy culpables por lo por los susodichos crímenes y transgresiones contra la santa fe Católica han sido un remedio completo obviar y corregir estos delitos y ofensas. Y a la fe Cristiana y religión cada día parece que los Judíos incrementan en continuar su maldad y daño objetivo a donde residan y conversen; y porque no existe lugar donde ofender de más a nuestra santa creencia, como a los cuales Dios ha protegido hasta el día de hoy y a aquellos que han sido influenciados, deber de la Santa Madre Iglesia reparar y reducir esta situación al estado anterior, debido a lo frágil del ser humano, pudiese ocurrir que podemos sucumbir a la diabólica tentación que continuamente combate contra nosotros, de modo que, si siendo la causa principal los llamados judíos si no son convertidos deberán ser expulsados de el Reino.

Debido a que cuando un crimen detestable y poderoso es cometido por algunos miembros de algún grupo es razonable el grupo debe ser absuelto o aniquilado y los menores por los mayores serán castigados uno por el otro y aquellos que permiten a los buenos y honestos en las ciudades y en las villas y por su contacto puedan perjudicar a otros deberán ser expulsados del grupo de gentes y a pesar de menores razones serán perjudiciales a la República y los mas por la mayoría de sus crímenes seria peligroso y contagioso de modo que el Consejo de hombres eminentes y caballeros de nuestro reinado y de otras personas de conciencia y conocimiento de nuestro supremo concejo y después de muchísima deliberación se acordó en dictar que todos los Judíos y Judías deben abandonar nuestros reinados y que no sea permitido nunca regresar.

Nosotros ordenamos además en este edicto que los Judíos y Judías cualquiera edad que residan en nuestros dominios o territorios que partan con sus hijos e hijas, sirvientes y familiares pequeños o grandes de todas las edades al fin de Julio de este año y que no se atrevan a regresar a nuestras tierras y que no tomen un paso adelante a traspasar de la manera que si algún Judío que no acepte este edicto si acaso es encontrado en estos dominios o regresa será culpado a muerte y confiscación de sus bienes.

Y hemos ordenado que ninguna persona en nuestro reinado sin importar su estado social incluyendo nobles que escondan o guarden o defiendan a un Judío o Judía ya sea públicamente o secretamente desde fines de Julio y meses subsiguientes en sus hogares o en otro sitio en nuestra región con riesgos de perder como castigo todos sus feudos y fortificaciones, privilegios y bienes hereditarios.

Hágase que los Judíos puedan deshacerse de sus hogares y todas sus pertenencias en el plazo estipulado por lo tanto nosotros proveemos nuestro compromiso de la protección y la seguridad de modo que al final del mes de Julio ellos puedan vender e intercambiar sus propiedades y muebles y cualquier otro artículo y disponer de ellos libremente a su criterio que durante este plazo nadie debe hacerles ningún daño, herirlos o injusticias a estas personas o a sus bienes lo cual sería injustificado y el que transgrediese esto incurrirá en el castigo los que violen nuestra seguridad Real.

Damos y otorgamos permiso a los anteriormente referidos Judíos y Judías a llevar consigo fuera de nuestras regiones sus bienes y pertenencias por mar o por tierra exceptuando oro y plata, o moneda acuñada u otro artículo prohibido por las leyes del reinado.

De modo que ordenamos a todos los concejales, magistrados, caballeros, guardias, oficiales, buenos hombres de la ciudad de Burgos y otras ciudades y villas de nuestro reino y dominios, y a todos nuestros vasallos y personas, que respeten y obedezcan con esta carta y con todo lo que contiene en ella, y que den la clase de asistencia y ayuda necesaria para su ejecución, sujeta a castigo por nuestra gracia soberana y por la confiscación de todos los bienes y propiedades para nuestra casa real y que esta sea notificada a todos y que ninguno pretenda ignorarla, ordenamos que este edicto sea proclamado en todas las plazas y los sitios de reunión de todas las ciudades y en las ciudades principales y villas de las diócesis, y sea hecho por el heraldo en presencia de el escribano público, y que ninguno o nadie haga lo contrario de lo que ha sido definido, sujeto al castigo de nuestra gracia soberana y la anulación de sus cargos y confiscación de sus bienes al que haga lo contrario.

Y ordenamos que se evidencie y pruebe a la corte con un testimonio firmado especificando la manera en que el edicto fue llevado a cabo.

Dado en esta ciudad de Granada el Treinta y uno día de marzo del año de nuestro señor Jesucristo de 1492.

Firmado Yo, el Rey, Yo la Reina, y Juan de la Colonia secretario del Rey y la Reina quien lo ha escrito por orden de sus Majestades.

Apéndice 3
Transcripción de la respuesta de Isaac Abravanel a los Reyes Católicos tras firmarse el Edicto de Granada
(Edicto de Expulsión) de 1492.

Sus Majestades:

Abraham Senior y yo agradecemos esta oportunidad para hacer nuestro último alegato escrito llevando la voz de las comunidades judías que nosotros representamos.

Condes, duques y marqueses de las Cortes, caballeros y damas: no es un gran honor cuando un judío es llamado a asistir por el bienestar y seguridad de su pueblo, pero es desgracia mayor que el Rey y la Reina de Castilla y Aragón y por supuesto de toda España tenga que buscar su gloria en gente inofensiva.

Encuentro muy difícil comprender como todo hombre judío, mujer y niño pueden ser una amenaza a la fe Católica. Son cargos muy fuertes, demasiado fuertes. ¿Es que nosotros la destruimos?

Es todo lo opuesto. ¿No estáis obligando en este edicto a confinar a todos los judíos en lugares restringidos y a tantas limitaciones en nuestros privilegios legales y sociales, sin mencionar que nos forzáis a cambios humillantes? ¿No fue suficiente la imposición de la fuerza, no nos aterrorizó vuestra diabólica Inquisición? Déjeseme mostrar en toda su dureza esta materia a todos los presentes; no dejaré callar la voz de Israel en este día.

Escuchad ¡oh Cielos!, y sea permitido que se me escuche, Rey y Reina de España. Isaac Abravanel se dirige a vos; yo y mi familia somos descendientes directos del Rey David, verdadera sangre real; la misma del Mesías corre por mis venas. Es mi herencia, y yo lo proclamo en nombre del rey de Israel.

En nombre de mi pueblo, el pueblo de Israel, los escogidos por Dios, declaro que son inocentes y sin culpa de todos los crímenes declarados en este abominable edicto. El crimen y la transgresión es para vos; para nosotros es el soportar el decreto sin justicia que Vos habéis proclamado. El día de hoy será de derrota y este año, que se imagina como el año de la gran gloria, será el de la vergüenza más grande de España. Es reconocido que la palabra honor debe ser propia de buenas y nobles acciones; de la misma forma, un acto impropio haría sufrir la reputación de una persona. Y si reyes y reinas acometen hechos dudosos se hacen daño a ellos mismos; como bien se dice, cuanto más grande es la persona el error es mayor.

Si los errores son reconocidos a tiempo pueden ser corregidos y el ladrillo débil que soporta el edificio puede ser resituado en posición correcta. Asimismo un edicto errado, si es cambiado a tiempo, puede ser corregido; pero objetivos religiosos han aventajado a la razón y malos consejos han precedido al justo razonamiento. El error de este edicto será irreversible, lo mismo que estas obligaciones que proclaman; mi rey y mi reina, escuchadme bien: error ha sido, un error profundo e inconcebible como España nunca haya visto hasta ahora. Vosotros sois los únicos responsables, como instrumentos del poder de una nación; si las artes y letras dan pautas a sensibilidades más refinadas, si vosotros habéis aplacado el orgullo del infiel musulmán pese a la fuerza de su ejército mostrando conocimiento del arte y de la guerra y respetando su conciencia ¿con qué derecho los inquisidores recorren los campos quemando libros por miles en piras públicas?

¿Con qué autoridad los miembros de la Iglesia desean ahora quemar la inmensa biblioteca arábiga de este gran palacio moro y destruir sus preciosos manuscritos? Porque es por autoridad vuestra, mi rey y mi reina. En lo más profundo de sus corazones Vuestras Mercedes han desconfiado del poder del conocimiento, y Vuestras Mercedes han respetado sólo el poder. Con nosotros los judíos es diferente. Nosotros los judíos admiramos y estimulamos el poder del conocimiento. En nuestros hogares y en nuestros lugares de rezo el aprendizaje es una meta practicada por toda la vida. El aprendizaje es una pasión nuestra que dura mientras existimos; es el corazón de nuestro ser; es la razón, según nuestras creencias, para la cual hemos sido creados. Nuestro amor a aprender pudo haber contrapesado su excesivo amor al poder. Nos pudimos haber beneficiado de la protección ofrecida por vuestras armas reales y vos os pudisteis haber beneficiado de los adelantos de nuestra comunidad y del intercambio de conocimientos, y digo que nos hubiésemos ayudado mutuamente.

Así como se nos ha mostrado nuestra debilidad, su nación sufrirá la fuerza de un desequilibrio al que Vuestras Mercedes han dado comienzo. Por centurias futuras, vuestros descendientes pagarán por los errores de ahora. Vuestras Mercedes verán que la nación se transformará en una nación de conquistadores que buscan oro y riquezas, viven por la espada y reinan con puño de acero; y al mismo tiempo os convertiréis en una nación de iletrados, vuestras instituciones de conocimiento, amedrentadas por el progreso herético de extrañas ideas de tierras distintas y otras gentes, no serán respetadas. En el curso del tiempo el nombre tan admirado de España se convertirá en un susurro ente las naciones. España, que siempre ha sido pobre e ignorante, España, la nación que mostró tanta promesa y que ha completado tan poco. Y entonces, algún día, España se preguntará a sí misma: ¿que ha sido de nosotros? ¿Por qué somos el hazmerreír entre las naciones? Y los españoles de esos días mirarán al pasado para ver por qué sucedió esto. Y aquellos que son honestos señalarán este día y esta época de la misma manera que cuando esta nación se inició. Y la causa de su decadencia no mostrará a nadie más que a sus reverenciados soberanos católicos, Fernando e Isabel, conquistadores de los moros, expulsores de los judíos, fundadores de la Inquisición y destructores de inquisitivas mentes de los españoles.

El edicto es testimonio de la debilidad cristiana. Esto ha demostrado que los judíos son capaces de ganarle a los siglos. Argumento viejo sobre estas dos creencias. Esto explica el por qué existen falsos cristianos: estos cristianos cuyas creencias han sido sacudidas por argumentos que el judío conoce mejor. Esto explica por qué la nación cristiana se perjudicara como dice que lo ha sido. Deseando silenciar la oposición judía, la mayoría cristiana ha decidido no seguir argumentando, eliminando la fuente del contraargumento. No se le dio oportunidad alguna al judío.

Esta es la última oportunidad para traer este tema a tierra española. En estos últimos momentos de libertad, otorgada por el Rey y la Reina, yo, como representante de la judería Española, reposo en un punto la disputa teológica. Yo la dejaré con un mensaje de partida, a pesar de que a Vuestras Mercedes no os guste.

El mensaje es simple. El histórico pueblo de Israel, como se ha caracterizado por sus tradiciones, es el único que puede emitir juicio sobre Jesús y su demanda de ser el Mesías; y como Mesías, su destino fue el de salvar a Israel, de modo que debe venir de Israel a decidir cuándo debe salvarlo. Nuestra respuesta es la única respuesta que importa, o acaso Jesús fue un falso Mesías. Mientras el pueblo de Israel exista, mientras las gentes de Jesús continúen en rechazarlo, su religión no puede ser validada como verdadera. Vuestras Mercedes pueden convertir a todas las gentes, a todos los salvajes del mundo, pero mientras no conviertan al judío, Vuestras Mercedes no han probado nada, salvo que pueden persuadir a los que no están informados.

Lo dejamos con este confortante conocimiento. Porque Vuestras Mercedes pueden disponer de sus poderes, pero nosotros poseemos la verdad por lo alto. Vuestras Mercedes podrán desposeernos como individuos, pero no podrán desposeernos de nuestras almas sagradas y de la verdad histórica, que es el único testigo nuestro.

Escuchad, Rey y Reina de España, en este día Vuestras Mercedes han engrosado la lista de fabricantes de maldades contra los que quedan de la Casa de Israel; si Vuestras Mercedes se empeñan en destruirnos, todos han fracasado. Mas, sin embargo, nosotros prosperaremos en otras tierras lejanas. Y doquiera que vayamos, el Dios de Israel estará con nosotros, y a Vuestras Mercedes rey Fernando y reina Isabel, la mano de Dios los atrapará y castigará por la arrogancia de sus corazones.

Hágase a Vuestras Mercedes autores de esta iniquidad; a lo largo de generaciones por venir, será contado repetidamente cómo su fe no fue benevolente y cómo su visión se cegó. Pero, más que sus actos de odio y fanatismo, el coraje del pueblo de Israel será recordado por haberse enfrentado contra el poderoso Imperio Español y por habernos apegado a la herencia religiosa de nuestros padres, resistiendo a los argumentos inciertos.

Expúlsennos, arrójennos de esta tierra que hemos querido tanto como Vos, pero los recordaremos, Rey y Reina de España, como los que en nuestros santos libros buscaron nuestro daño. Nosotros los judíos, con nuestros hechos en las páginas de la historia y nuestros recuerdos de sufrimiento; e incurriréis en un daño mayor a vuestros nombres que el mal que nos habéis causado.

Nosotros los recordaremos, y a su vil edicto de expulsión, para siempre.

Isaac Abravanel

Apéndice 4

Portada del documento de la Real Cédula de Gracias

Apéndice 5
Listado de apellidos de origen sefardita

A

Abad, Abadía, Abarca, Abastos, Abaunza, Abbot, Abdallá, Abdalah, Abdallah, Abdelnour, Abdo, Abea, Abel, Abela, Abelado, Abella, Abellán, Abendaño, Abou, Abraham, Abrahams, Abrahán, Abrego, Abreu, Abrigo, Abril, Abufelo, Abugadba, Aburto, Acabal, Acebal, Acedo, Acevedo, Acosta, Acuña, Adames, Adamis, Adanaque, Adanis, Adis, Aedo, Agababa, Agámez, Agayón, Agrazal, Agreda, Aguayo, Agudelo, Agüero, Aguiar, Aguilar, Aguilera, Aguiluz, Aguilve, Aguinaga, Aguirre, Agurto, Agustín, Ahuja, Ahumada, Aiello, Aiza, Aizprúa, Aizpurúa, Alache, Alama, Alan, Alani, Alanis, Alanís, Alaniz, Alarcón, Alas, Alavez, Alayón, Alba, Albarello, Albarracín, Albelo, Albenda, Alburola, Alcaíno, Alcanzar, Alcázar, Alcazar, Alcibar, Alcócer, Alcóser, Alcóver, Alcózer, Aldana, Aldaña, Aldapa, Aldecoba, Alderrama, Alegría, Alejos, Alemán, Alexander, Alexandre, Alfaro, Alfonso, Algaba, Alguera, Aliaga, Alicama, Alier, Alizaga, Allan, Allon, Alluín, Almanza, Almanzar, Almanzo, Almaraz, Almazan, Almeida, Almendares, Almendárez, Almendáriz, Almengor, Almonte, Aloisio, Aloma, Alomar, Alonso, Alonzo, Alpírez, Alpízar, Altamirano, Altenor, Alterno, Altino, Altonor, Alva, Alvarado, Alvarenga, Alvares, Álvarez, Alvaro, Alvear, Alverde, Alvergue, Alvir, Alzate, Amado, Amador, Amalla,

Amaris, Amaya, Amor, Amora, Amores, Amoros, Ampie, Ampié, Ampiée, Ampiee, Anaya, Anchetta, Anchez, Anchía Anchieta, Andia, Andino, Andrade, André, Andrés, Andujar, Andújar, Andujo, Angele, Angelini, Anglada, Angulo, Anice, Anjos, Ansorena, Antelo, Antero, Antezana, Antich, Antillón, Antón, Antúnez, Anzora, Aparicio, Apolinar, Apollonio, Aponte, Aquiles, Aquino, Aragón, Aragones, Aragonés, Araica, Arana, Arancibia, Aranda, Arando, Arango, Aranjo, Araque, Arata, Araujo, Araus, Arauz, Araya, Arbaiza, Arballo, Arbelo, Arbizu, Arbizú, Arboleda, Arburola, Arca, Arcarate, Arce, Arceyudh, Arceyut, Arceyuth, Arcia, Arcía, Arciniegas, Ardila, Ardín, Ardón, Ardonnix, Areas, Arellano, Arena, Arenas, Arévalo, Argudo, Arguedas, Argüelles, Argüello, Argueta, Arguijo, Arias, Ariasdes, Arica, Arie, Ariño, Arispe, Arista, Ariza, Arjona, Armada, Armas, Armenta, Armento, Armeras, Armesto, Armijo, Arnáez, Arnau, Arnesto, Anuelo, Arnuero, Arone, Arosemena, Arquín, Arrazola, Arrea, Arredondo, Arreola, Arriaga, Arriagada, Arrieta, Arriola, Arrocha, Arroliga, Arrollo, Arrone, Arrones, Arronés, Arronez, Arronis, Arroniz, Arroyave, Arroyo, Arrubla, Artavia, Arteaga, Artecona, Artiaga, Artiga, Artiles, Artiñano, Artola, Artolozaga, Aruj, Aruizu, Arze, Arzola, Ascante, Ascencio, Asch, Asencio, Asero, Así, Asís, Aspirita, Astacio, Astete, Astorga, Astorquiza, Astúa, Asturias, Asunción, Asusema, Atehortúa, Atein, Atencio, Atensio, Atiensa, Atienza, Augusto, Ávalos, Avelar, Avellán, Avendaño, Ávila, Avilés, Avilez, Ayala, Ayales, Ayara,

Ayarza, Aybar, Aycinena, Ayerdis, Aymerich, Azar, Azaria, Asofeifa, Azqueta, Azua, Azúa, Azuar, Azucena, Azul, Azuola, Azurdia.

B

Babb, Babar, Baca, Bacca, Bacigalupo, Badilla, Bado, Báez, Baeza, Baidal, Bairnales, Baizan, Bajarano, Balarezo, Baldares, Balday, Baldelomar, Balderas, Balderrama, Balderramos, Baldí, Baldi, Baldioceda, Baldivia, Baldizón, Balladares, Ballar, Ballard, Ballester, Ballestero, Ballesteros, Ballón, Balma, Balmaceda, Balmacera, Balon, Balser, Baltodano, Banegas, Banet, Banilla, Baños, Bañuelos, Baquedano, Baquero, Baradín, Baraen, Barahoma, Barahona, Barajas, Baraquiso, Barat, Barba, Barbagallo, Barbagebra, Bárbara, Barbena, Barben, Barberena, Barbosa, Barboza, Barcelas, Barcelata, Barcenas, Barcia, Bardayan, Barguil, Barillas, Barletta, Baro, Barón, Barquedano, Barquero, Barquette, Barra, Barracosa, Barrante, Barrantes, Barraza, Barreda, Barrenechea, Barrera, Barrero, Barreto, Barrias, Barrientos, Barriga, Barrio, Barrionuevo, Barrios, Barroso, Barrot, Barrott, Barrundia, Barsallo, Bart, Bartal, Barteles, Bartels, Barth, Barvas, Baruch, Basadre, Basán, Basilio, Basti, Bastida, Bastos, Bastti, Batalla, Batán, Batista, Batres, Bautista, Bauzid, Baviera, Bayo, Bazán, Bazo, Beatriz, Becancur, Becerra, Becerril, Bedolla, Bedoya, Beeche, Beeché, Beingolea, Beita, Bejarano, Bejos, Bel, Belette, Belgrave, Bellanero, Bellido, Bello, Belloso, Belmonte, Beltrán, Beltre, Benach, Benambourg, Benambugr, Benambur, Benavente, Benavides,

Benavídez, Benda, Bendaña, Bendig, Bendij, Benedictis, Beneditt, Benevides, Bengoechea, Benites, Benítez, Benito, Benzón, Berasaluce, Berciano, Berdasco, Berdugo, Berenzón, Bermejo, Bermeo, Bermudes, Bermúdez, Bernadas, Bernal, Bernardo, Bernat, Berrios, Berríos, Berrocal, Berrón, Bertel, Bertrán, Betancort, Bentancourt, Betancourth, Betancur, Betancurt, Beter, Beteta, Bethancourt, Betrano, Better, Biamonte, Binda, Blanco, Blandino, Blando, Blandón, Blau, Blum, Bobadilla, Bodán, Bogán, Bogantes, Bogarín, Bohorguez, Bohorquez, Bojorge, Bolaños, Bolívar, Bonice, Boniche, Bonichi, Bonilla, Borbas, Borbón, Borda, Bordallo, Borge, Borges, Borja, Borjas, Borjes, Borloz, Borras, Borrasé, Borredo, Borrero, Bosque, Botero, Boza, Bran, Bravia, Bravo, Brenes, Breve, Briceño, Brilla, Briones, Brito, Brizeño, Brizuela, Buencamino, Buendía, Bueno, Bueso, Buezo, Buga, Bugarín, Bugat, Bugria, Burgos, Burguera, Burgues, Burillo, Busano, Bustamante, Bustillo, Bustillos, Busto, Bustos, Buzano, Buzeta, Buzo.

C

Caamano, Caamaño, Cabada, Cabadianes, Cabal, Cabalceta, Caballero, Cabana, Cabaña, Cabeza, Cabezas, Cabistán, Cabral, Cabrera, Cabrerizo, Cáceres, Cadenas, Cadet, Cageao, Caicedo, Cairol, Cajas, Cajiao, Cajina, Cala, Calatayud, Calazán, Calcáneo, Caldas, Caldera, Calderón, Calero, Caliva, Calix, Calle, Calleja, Callejas, Callejo, Calles, Calvo, Calzada, Camacho, Camaño, Camarena, Camareno, Camarillo, Cambronero, Camona, Campabadal, Campabadall, Campodónico, Campos, Canales, Canalias, Canas, Candamo, Candelaria, Candelario, Canejo, Canessa, Canet, Canetta, Canizales, Canizález, Canizares, Canno, Cano, Canossa, Cantarero, Cantero, Cantillano, Canto, Cantón, Cañas, Cañizales, Cañizález, Capón, Carabaguias, Carabaguiaz, Caranza, Caravaca, Carazo, Carbalda, Carballo, Carbonell, Carbonero, Carcache, Carcachi, Cárcamo, Carcedo, Carcía, Cárdenas, Cárdenes, Cardona, Cardos, Cardoso, Cardoza, Cardoze, Cares, Carias, Caridad, Carit, Carlos, Carmiol, Carmona, Carnero, Caro, Carpio, Carranza, Carrasco, Carrasquilla, Carreño, Carrera, Carreras, Carrillo, Carrión, Carrizo, Carro, Cartagena, Cartago, Cartín, Carvajal, Carvalho, Carvallo, Casa, Casaca, Casafont, Casal, Casanova, Casañas, Cásares, Casas, Casasnovas, Casasola, Cascante, Casco, Casorla, Cassasola, Cásseres, Castaneda, Castañeda, Castañedas, Castaño, Castañón, Castaños, Castelán, Castellano, Castellanos, Castellón, Casteñeda, Castiblanco, Castilla, Castillo, Castro, Catania, Cateres, Catón, Cavalceta, Cavaller, Cavallo, Cavanillas, Cavazos, Cavero, Cazanga, Ceba, Ceballos, Ceciliano, Cedeño, Cejudo, Celada, Celedón, Celís, Centella, Centeno, Cepeda, Cerceño, Cerda, Cerdas, Cerna, Cernas, Cerón, Cerpas, Cerros, Cervantes, Cervera, Cervilla, Céspedes, Cevallos, Cevedo, Cevilla, Chabrol, Chacón, Chamarro, Chamorro, Chanquín, Chanta, Chanto, Chavarría, Chavera, Chaverri, Chaves, Chávez, Chavira, Cheves, Chévez, Chica, Chicaiza, Chicas,

Chilquillo, Chinchilla, Chinchillo, Chirino, Chirinos, Chocano, Choza, Cid, Cifuentes, Cintrón, Cisar, Cisne, Cisnero, Cisneros, Cisternas, Claro, Cleves, Cobaleda, Coe, Coello, Coen, Cohen, Coles, Colina, Colindres, Collado, Collina, Colom, Coloma, Colombo, Colomer, Concepción, Concha, Conde, Condega, Condes, Conedo, Conejo, Congosto, Conte, Contreras, Corales, Corao, Cordeiro, Cordero, Cordido, Córdoba, Cordón, Cordonero, Córdova, Cordoze, Corea, Corella, Cornavaca, Cornejo, Corona, Coronado, Coronas, Coronel, Corrales, Correa, Corredera, Corro, Corta, Cortaberría, Cortés, Cortez, Cortinez, Cortissoz, Corvera, Cosio, Cosiol, Cosme, Cossio, Costa, Cotera, Coto, Crespo, Crispín, Crispino, Cruces, Cruz, Cuadra, Cuadrado, Cuan, Cuaresma, Cuarezma, Cuarta, Cubas, Cubenas, Cubero, Cubías, Cubias, Cubilla, Cubillo, Cubillos, Cubria, Cuebas, Cuellar, Cuéllar, Cuello, Cuenca, Cuendis, Cuernavaca, Cuervo, Cuesta, Cueva, Cuevas, Cuevillas, Cunill, Cunillera, Curbelo, Curco, Curdelo.

D

Da Costa, Da Silva, Dacosta, D'Acosta, Dalorso, Dalorzo, Dalsaso, Damaceno, Damito, Daniel, Daniels, Dapuerto, Dapueto, Darce, Darche, Darcia, Darío, Dasadre, Dasilva, Dávalos, David, Dávila, Davis, D'Avola, De Abate, De Aguilar, De Alba, De Alvarado, De Benedictis, De Briones, De Camino, De Castro, De Céspedes, De Espeleta, De Ezpeleta, De Falco, De Faria, De Franco, De Jesús, De Jorge, De Juana, De

La Cruz, De La Cuesta, De La Espriella, De La Fuente, De La Garza, De La Guardia, De La Herran, De La Hormaza, De La Jara, De La Mata, De La Nuez, De La O, De La Osa, De La Ossa, De La Paz, De La Peña, De La Rocha, De La Rosa, De La Selva, De La Teja, De La Torre, De La Trava, De La Vega, De Largaespada, De Las Casas, De Las Cuevas, De Las Heras, De Lemos, De León, De Lev, De Lima, De López, De Luz, De Miguel, De Miranda, De Moya, De Odio, De Óleo, De Ona, De Oña, De Paco, De Paredes, De Pass, De Paz, De Pazos, De Pedro, De Pinedo, De Prado, De Rayo, De Sárraga, De Sá, De Trinidad, De Ureña, De Vega, De Yglesias, Del Barco, Del Barrio, Del Bello, Del Busto, Del Carmen, Del Castillo, Del Cid, Del Pilar, Del Pimo, Del Río, Del Risco, Del Socorro, Del Solar, Del Valle, Delatolla, Delgadillo, Delgado, Deliyore, Dellale, Dellanoce, Delso, Delvo, Dengo, Denis, Dennis, Detrinidad, Devanda, Devandas, Devoto, Dias, Díaz, Díez, Díjeres, Díjerez, Dimas, Dinares, Dinarte, Discua, Doblado, Dobles, Dodero, Dalmus, Dalmuz, Domingo, Domínguez, Donado, Donaire, Donato, Doña, Doñas, Donzón, Dorado, Dormos, Dormuz, Doryan, Duar, Duares, Duarte, Duartes, Duenas, Dueñas, Duque, Duque Estrada, Durall, Durán, Durante, Duval, Duvall, Duverrán.

E

Echandi, Echavarría, Echeverri, Echeverría, Eduarte, Egea, Elías, Eligia, Elizalde, Elizonda, Elizondo, Elmaleh, Emanuel, Enrique, Enriques, Enríquez, Eras, Erazo, Escabar, Escalante, Escamilla, Escarré, Escobar, Escobedo, Escocia, Escorriola, Escosia, Escoto, Escovar, Escribano, Escude, Escudero, España, Esparragó, Espelerta, Espeleta, Espinach, Espinal, Espinales, Espinar, Espino, Espinosa, Espinoza, Espitia, Esquivel, Esteban, Esteves, Estévez, Estrada, Estrella.

F

Faba, Fabara, Fabián, Fábrega, Fabregat, Fabres, Facio, Faerrón, Faeth, Faiges, Fait, Faith, Fajardo, Falco, Falcón, Falla, Fallas, Farach, Farah, Fargas, Farias, Farías, Faries, Fariña, Fariñas, Farrach, Farrer, Farrera, Farrier, Fatjo, Fatjó, Faundez, Faune, Fava, Fazio, Fermández, Fermán, Fernandes, Fernández, Fernando, Ferrada, Ferrán, Ferrando, Ferraro, Ferreira, Ferreiro, Ferrer, Ferrero, Ferris, Ferro, Ferros, Fiallos, Fictoria, Fidalgo, Fierro, Figueiredo, Figuer, Figueras, Figueres, Figueroa, Filomena, Fletes, Fletis, Flores, Fonseca, Font, Forero, Formoso, Fornaguera, Fraga, Fraguela, Francés, Frances, Francesa, Francia, Francis, Franco, Fray, Frayle, Freer, Freira, Fresno, Freyre, Frías, Frutos, Fuentes, Fumero, Funes, Funez, Fúnez, Fuscaldo, Fusco.

G

Gabriel, Gadea, Gaete, Gago, Gainza, Gaitán, Galacia, Galagarza, Galán, Galarza, Galaviz, Galba, Galcerán, Galeano, Galeas, Galeno, Galera, Galiana, Galiano, Galindo, Galino, Galiñanes, Gallardo, Gallegas, Gallegos, Gallo, Galo, Galtés, Galván, Gálvez, Galvis, Gamarra, Gamazo, Gambo, Gamboa, Gámez, Garay, Garayar, Garbanzo, Garcés, García, Gardela, Gargollo, Garino, Garita, Garmendia, Garner, Garnier, Garreta, Garrido, Garro, Garrón, Garza, Garzel, Garzón, Garzona, Gaspar, Gateno, Gateño, Gavarrete, Gavilán, Gaviria, Gavosto, Gayoso, Gaytán, Gazel, Gazo, Geoyenaga, Gil, Gillén, Gilles, Giral, Giraldo, Giraldt, Giralt, Giro, Girón, Gladis, Goches, Góchez, Godines, Godínez, Godoy, Goic, Goicoechea, Goicuria, Goldenberg, Golfín, Gomar, Gómez, Gomis, Gondres, Góndrez, Góngora, Gonzaga, Gonzales, González, Gonzalo, Goñi, Gordon, Górgona, Goyenaga, Gracía, Gracias, Gradis, Grajal, Grajales, Grajeda, Grana, Granada, Granados, Granda, Grandoso, Granera, Granizo, Granja, Graña, Gras, Grau, Greco, Greñas, Gridalva, Grigoyen, Grijalba, Grijalda, Grijalva, Grillo, Guadamuz, Guadrón, Guajardo, Guardado, Guardano, Guardia, Guardián, Guardiola, Guarín, Guasch, Gudino, Gudiño, Güel, Güell, Güendel, Güendell, Guerra, Guerrero, Guevara, Guido, Guie, Guier, Guifarro, Guilá, Guillarte, Guillén, Guillermet, Guillermo, Guilles, Güillies, Guillies, Guillis, Guilloch, Guiménez, Guindos, Guitiérrez, Guitta, Guix, Gulubay, Gunera, Guntanis, Gurdián, Gurrero, Gurrola, Gustavino, Gutiérrez, Guzmán.

H

Haba, Habibe, Haenz, Harrah, Hénchoz, Henríquez, Henrriquez, Herdocia, Heredia, Herencia, Heríquez, Hermann, Hermosilla, Hernández, Hernando, Hernánez, Herra, Herradora, Herrán, Herrera, Herrero, Hevia, Hidalgo, Hierro, Hincapié, Hinostroza, Horna, Hornedo, Huerta, Huertas, Huete, Huezo, Hurtado, Hurtecho.

I

Ibáñez, Ibarra, Ibarras, Icaza, Iglesias, Ilama, Incapié, Incer, Incera, Inceras, Inces, Infante, Iracheta, Iraheta, Irastorza, Irias, Iribar, Irigaray, Irola, Isaac, Isaacs, Israel, Ivañez, Izaba, Izaguirre, Izandra, Iznardo, Izquierdo, Izrael, Izurieta.

J

Jácamo, Jacobo, Jácome, Jácomo, Jaen, Jáenz, Jara, Jaramillo, Jarquín, Jarrín, Jerano, Jerez, Jiménez, Jimera, Jinesta, Jirón, Joseph, Jovel, Juárez, Junco, Juncos, Jurado.

L

La Barca, Labra, Lacarez, Lacayo, Lafuente, Lago, Lagos, Laguardia, Laguna, Lain, Laine, Lainez, Laitano, Lamas, Lamela, Lamic, Lamugue, Lamuza, Lancho, Lanco, Landazuri, Lández, Lanuza, Lanza, Lanzas,

Lapeira, Laporte, Laprade, Lara, Lares, Largaespada, Largo, Larios, Larrabure, Larrad, Larragan, Larragán, Larraguivel, Lasa, Lasantas, Láscares, Láscarez, Láscaris, Lasso, Lastra, Lastreto, Latiff, Latino, Latorraca, Laurito, Laverde, Lázaro, Lázarus, Lázcares, Lazo, Lazzo, L'Calleja, Leal, Leandra, Leandro, Ledezma, Ledo, Leitón, Leiva, Lejarza, Lemmes, Lemos, Lemus, Lemuz, Leñero, León, Lépiz, Levi, Leytón, Leyva, Lezama, Lezana, Lezcano, Lhamas, Lieberman, Lima, Linares, Linarte, Lindo, Lines, Líos, Lira, Lizama, Lizana, Lizano, Lizarme, Llabona, Llach, Llado, Llamazares, Llamosas, Llano, Lanos, Llanten, Llaurado, Llerena, Llibre, Llinas, Llobet, Llobeth, Llorca, Llorella, Llorens, Llorente, Llosent, Lloser, Llovera, Llubere, Loáciga, Loáiciga, Loáisiga, Loaissa, Loaiza, Lobo, Loeb, Loew, Loinaz, Lombardo, Londoño, Lope, Lopes, Lopera, López, Lopezlage, Loprete, Lora, Loredo, Lorente, Lorenz, Lorenzana, Lorenzen, Lorenzo, Loría, Lorío, Lorio, Lorz, Losada, Losilla, Louk, Louzao, Loynaz, Loza, Lozano, Luarca, Lucas, Lucena, Lucero, Lugo, Luis, Luján, Luna, Lunaza, Luque, Luquez.

M

Macaya, Macedo, Maceo, Machado, Machín, Machuca, Macia, Macias, Macías, Macís, Macre, Macrea, Madariaga, Maderos, Madinagoitia, Madrano, Madrid, Madriga, Madrigal, Madril, Madriz, Maduro, Magalhaes, Magallón, Magaña, Magdalena, Maguiña, Mahomar, Maikut,

Maingot, Mairena, Maisonave, Maita, Majano, Majarres, Malaga, Maldonado, Malé, Malespín, Malestín, Maltés, Maltez, Malvarez, Manavella, Mancheno, Mancia, Mancía, Mandas, Mangaña, Mangas, Mangel, Manjarres, Mans, Mansalvo, Mansilla, Manso, Mantanero, Mantica, Mantilla, Manuel, Manzanal, Manzanares, Manzano, Manzur, Marabiaga, Maradiaga, Marbes, Marbis, Marcenaro, March, Marchena, Marcia, Marcías, Marcillo, Marcos, Mardones, Marenco, Margules, María, Marichal, Marín, Marinero, Marino, Mariñas, Mariño, Marot, Maroto, Marqués, Marquez, Marreco, Marrero, Marroquín, Marsell, Marte, Martell, Martén, Martens, Martí, Martin, Martínez, Martins, Marvez, Mas, Masía, Masís, Maso, Mason, Massuh, Mastache, Mata, Matamoros, Matarrita, Mate, Mateo, Matera, Mateus, Matías, Matos, Mattus, Mattuz, Matul, Matus, Matute, Maurel, Maurer, Mauricio, Mauro, Maynard, Maynaro, Maynart, Mayo, Mayor, Mayorga, Mayorquín, Mayre, Mayrena, Maza, Mazariegos, Mazas, Mazín, Mazón, Mazuque, Mazure, Medal, Mederano, Mederas, Medeiros, Medina, Medinilla, Medoza, Medrano, Meira, Mejía, Mejías, Melara, Meléndez, Melgar, Melgarrejo, Mellado, Melo, Membreño, Mena, Menayo, Menchaca, Mendea, Méndez, Mendiantuba, Mendieta, Mendiola, Mendives, Mendivil, Men doza, Mendreño, Menéndez, Meneses, Menjibar, Menjivar, Menocal, Meono, Meoño, Merayo, Meraz, Merazo, Merazzo, Mercado, Mercelina, Mercer, Mergarejo, Mérida, Merino, Merizalde, Merlo, Mesa, Mesales, Mesalles, Meseguer, Mesén, Messeguer,

Mestayer, Meszaros, Meza, Michelena, Michelino, Micillo, Miguez, Mijangos, Mijares, Milanés, Milano, Millet, Mina, Minas, Minero, Miño, Miqueo, Miraba, Miralles, Mirambell, Miramontes, Miranda, Miro, Mirquez, Mitja, Mitjavila, Mizrachi, Mojarro, Mojica, Molestina, Molian, Molín, Molina, Molinero, Molleda, Mollinedo, Mollo, Moncada, Mondol, Mondragón, Moneda, Moneiro, Monestel, Monga, Mongalo, Móngalo, Monge, Mongillo, Monguillo, Monjarres, Monjarrez, Monjica, Monserrat, Montagné, Montalbán, Montalbert, Montalto, Montalván, Montalvo, Montana, Montanaro, Montandón, Montañez, Montano, Montealegre, Montealto, Montecino, Montecinos, Monteil, Montejo, Montenaro, Montenegro, Montero, Monterosa, Monteroza, Monterrey, Monterrosa, Monterroso, Montes, Monterinos, Monteverde, Montiel, Montier, Montoya, Monturiol, Mora, Moraes, Moraga, Morales, Morán, Morazán, Moreira, Morejón, Morena, Moreno, Morera, Moriano, Morice, Morillo, Morín, Moris, Morise, Moro, Morote, Moroto, Morraz, Morúa, Morún, Morux, Morvillo, Moscarella, Moscoa, Moscoso, Mosquera, Motta, Moxi, Moya, Moyé Mozquera, Mugica, Muiña, Muir, Mulato, Munera, Mungía, Munguía, Munive, Munizaga, Muñante, Muñiz, Muñoz, Murcia, Murgado, Murgas, Murias, Murillo, Murilo, Muro, Mussap, Mussapp, Mussio, Mustelier, Muxo.

N

Naim, Naira, Nájar, Nájares, Najarro, Nájera, Nájeres, Naranjo, Narvaes, Narváez, Nasralah, Nasso, Navaro, Navarrete, Navarrette, Navarro, Navas, Nayap, Nazario, Nema, Nemar, Neyra, Nieto, Nino, Niño, Noble, Noboa, Noel, Nogebro, Noguera, Nomberto, Nora, Noriega, Norza, Nova, Novales, Novo, Novoa, Nuevo, Nuez, Nunga, Núñez.

O

Obadía Obaldía, Obanbo, Obando, Obares, Obellón, Obon, Obrego, Obregón, Ocampo, Ocampos, Ocaña, Ocaño, Ocario, Ochoa, Ocón, Oconitrillo, Ode, Odio, Odir, Odóñez, Odor, Oduber, Oguilve, Ojeda, Okarlo, Okendo, Olarte, Olaso, Olaverri, Olazaba, Olguín, Oliva, Olivar, Olivares, Olivárez, Olivas, Oliver, Olivera, Oliverio, Olivier, Oliviera, Olivo, Oller, Olmeda, Olmedo, Olmo, Olmos, Omacell, Omodeo, Ondoy, Onetto, Oñate, Oñoro, Oporta, Oporto, Oquendo, Ora, Orama, Oramas, Orantes, Ordeñana, Ordoñes, Ordóñez, Orduz, Oreamuno, Oreas, Oreiro, Orella, Orellana, Orfila, Orias, Orios, Orjas, Orjuela, Orlich, Ormasis, Ormeño, Orna, Ornes, Orochena, Orocu, Orosco, Orozco, Ortega, Ortegón, Ortiz, Ortuño, Orve, Osante, Oseda, Osegueda, Osejo, Osequeda, Oses, Osorio, Osorno, Ospina, Ospino, Ossa, Otalvaro, Otárola, Otero, Oto, Otoya, Ovares, Ovarez, Oviedo, Ozerio, Ozores, Ozuno.

P

Pabón, Pacheco, Paco, Padilla, Páez, Paguaga, País, Países, Paiz, Pajuelo, Palacino, Palacio, Palacios, Palaco, Paladino, Palazuelos, Palencia, Palma, Palomar, Palomino, Palomo, Pamares, Pampillo, Pana, Pandolfo, Paniagua, Pantigoso, Pantoja, Paña, Papez, Parada, Parado, Parajeles, Parajón, Páramo, Pardo, Paredes, Pareja, Pares, París, Parra, Parrales, Parreaguirre, Parriles, Parrilla, Pasamontes, Pasapera, Pasos, Passapera, Pastor, Pastora, Pastrán, Pastrana, Pastrano, Patiño, Patricio, Paut, Pauth, Pavez, Pavón, Paz, Pazmiño, Pazos, Pedraza, Pedreira, Pedreiro, Pedroza, Peinador, Peinano, Peláez, Pellas, Pellecer, Pena, Penabad, Penado, Pendones, Penón, Penso, Peña, Peñaloza, Peñaranda, Peñas, Peñate, Penzo, Peñón, Peraldo, Perales, Peralta, Peraza, Perdomo, Perea, Perearnau, Pereira, Pereiras, Perera, Pereyra, Pérez, Perezache, Pergo, Pericón, Perla, Perlaza, Pessoa, Peynado, Peytrequín, Pezo, Picado, Picasso, Picavea, Pichardo, Pico, Picón, Piedra, Piedrafita, Pila, Pilarte, Pimente, Pina, Pinada, Pinagel, Pinagen, Pinar, Pincai, Pincay, Pinchinat, Pineda, Pinel, Pinell, Piney, Pinillos, Pinkay, Pino, Pintado, Pinto, Pinzas, Piña, Piñar, Piñate, Piñeiro, Piñeres, Pinzón, Pío, Pion, Piovano, Piovet, Pitalva, Piza, Pizarro, Pla, Plá, Placeres, Pláceres, Plácido, Placidón, Plaja, Platero, Poblador, Poblete, Pocasangre, Pochet, Podoy, Pokoy, Pol, Polamo, Polo, Polonio, Poma, Pomar, Pomareda, Pomares, Ponares, Ponce, Pontigo, Pool, Porat, Porquet, Porras, Porta, Porter, Portero,

Portilla, Portillo, Portobanco, Portocarrera, Portugués, Portuguez, Posada, Posla, Poveda, Povedano, Pozo, Pozos, Pozuelo, Prada, Pradella, Pradilla, Prado, Prat, Pratt, Pravia, Prendas, Prendis, Pretiz, Prettel, Prieto, Prietto, Primante, Prior, Prioto, Privatt, Procupez, Puente, Puentes, Puertas, Puga, Puig, Pujo, Pujol, Pulido, Pulis, Pull, Pulles, Pupo, Purcallas.

Q

Quedo, Queralt, Queredo, Querra, Quesada, Quevedo, Quezada, Quiel, Quijada, Quijano, Quinaz, Quinde, Quino, Quintana, Quintanilla, Quinter, Quintero, Quinto, Quiñones, Quiñónez, Quirce, Quiroga, Quirós, Quiroz.

R

Raa, Raabe, Raba, Rabetta, Rabín Raga, Raigada, Raigosa, Ramírez, Ramón, Ramos, Randel, Randuro, Rangel, Raphael, Rauda, Raudes, Raudez, Raventos, Raventós, Raygada, Rayo, Rayos, Real, Reales, Reazco, Recinos, Recio, Redondo, Regaño, Regidor, Regueira, Regueyra, Reich, Reina, Renderos, Rendón, Reñazco, Repeto, Repetto, Requene, Requeno, Requeño, Rescia, Resenterra, Restrepo, Retana, Reuben, Revelo, Revilla, Revollar, Revollo, Rey, Reyes, Reyna, Riba, Ribas, Ribera, Ribero, Ricardo, Ricaurte, Riera, Rileva, Rincón, Río,

Ríos, Riotte, Rivalta, Rivardo, Rivas, Rivel, Rivera, Rivero, Riverón, Riveros, Rizo, Roa, Roba, Robelo, Roble, Robles, Robleto, Roboz, Roca, Rocabado, Rocca, Roch, Rocha, Roda, Rodas, Rodesma, Rodesno, Rodezno, Rodó, Rodo, Rodrigo, Rodríguez, Roe, Roig, Rois, Rojas, Rojo, Roldán, Romagosa, Román, Romano, Romero, Roque, Rosa, Rosabal, Rosales, Rosas, Rouillón, Rovillón, Rovira, Roviralta, Roy, Royo, Roys, Rozados, Rozo, Ruano, Rubán Rubén Rubí, Rubia, Rubín, Rubino, Rubio, Rubis, Rucavado, Rudín, Rueda, Rugama, Rugeles, Ruh, Ruilova, Ruin, Ruiz, Romoroso, Russ, Ruz.

S

Saavedra, Saba, Sabah, Saballo, Saballos, Sabat, Sabate, Sabba, Sabín, Sabogal, Saborío, Saboz, Sacasa, Sacida, Sada, Sadaña, Sáenz, Saer, Saerron, Sáez, Safiano, Sage, Sagel, Sagot, Sagreda, Saguero, Sala, Salablanca, Salamanca, Salas, Salazar, Salbavarro, Salcedo, Salcino, Saldaña, Saldivar, Salgada, Salgado, Salguera, Salguero, Saliba, Salinas, Salmerón, Salmón, Salom, Salomón, Salumé, Salume, Salustro, Salvado, Salvatierra, Salvo, Samaniego, Sambrana, Samper, Samudio, Samuel, San Gil, San José, San Juan, San Martín, San Román, San Silvestre, Sanabria, Sanahuja, Saname, Sanamucia, Sanarrusia, Sánchez, Sancho, Sandí, Sandigo, Sandino, Sandoval, Sandria, Sandy, Sanga, Sangil, Sanjines, Sanjuan, Sansebastián, Sansilvestre, Sanson, Sansores, Santa Ana, Santa Cruz, Santa María, Santacruz, Santamaría, Santana, Santander, Santiago, Santibanes,

Santiesteban, Santillán, Santín, Santisteban, Santoanastacio, Santos, Sanvicente, Sanz, Saraiva, Saravanja, Saravia, Sardinas, Sardiñas, Sariego, Sarmiento, Sárraga, Sarratea, Sarraulte, Sarria, Sas, Sasso, Satjo, Sauceda, Saucedo, Sauza, Savala, Savallos, Savedra, Savinón, Saxón, Sayaguez, Scriba, Seas, Seballos, Secades, Secaida, Seco, Sedano, Sedo, Segares, Segovia, Segreda, Segura, Sehezar, Selaya, Selles, Selva, Selvas, Semerawno, Semeraro, Sepúlveda, Sequeira, Sermeño, Serra, Serracín, Serrano, Serrato, Serraulte, Serru, Serrut, Servellón, Sevilla, Sevillano, Sibaja, Sierra, Sieza, Sigüenza, Siguenza, Siles, Siliezar, Silva, Silvera, Silvia, Simana, Simón, Sinchico, Sio, Sion, Siri, Sirias, Siverio, Siz, Sobalvarro, Sobrado, Sojo, Sol, Solana, Solano, Solar, Solares, Solarte, Soldevilla, Solé, Solemne, Soler, Solera, Soley, Solís, Soliz, Solno, Solo, Solórzan, Soltero, Somarriba, Somarribas, Somoza, Soria, Sorio, Soro, Sorto, Sosa, Sossa, Sosto, Sotela, Sotelo, Sotillo, Soto, Sotomayor, Sotres, Souto, Soutullo, Sovalbarro, Soza, Suárez, Suazao, Suazo, Subia, Subiros, Subirós, Subisos, Succar, Sueiras, Suñer, Suñol, Surroca, Suyapa, Suzarte.

T

Tabah, Tabares, Tablada, Tabor, Tabora, Taborda, Taco, Tagarita, Tagarró, Tal, Talavera, Taleno, Tamara, Tamargo, Tamayo, Tames, Tanchez, Tanco, Tapia, Tapias, Taracena, Tardencilla, Tarjan, Tarrillo, Tasara, Tate, Tato, Tavares, Tedesco, Teherán, Teijeiro, Teixido, Tejada, Tejeda, Tejos, Tellería, Telles, Téllez, Tello, Tellos, Tencio, Tenorio, Terán,

Tercero, Terrade, Terrientes, Terrin, Terrín, Thames, Theran, Thiel, Thiele, Thuel, Tíjeres, Tijerino, Tinoco, Toala, Tobal, Tobar, Tobe, Tobella, Tobín, Tobón, Toledo, Toletino, Tomas, Tomás, Tomeu, Toribio, Torijano, Tormo, Toro, Torralba, Torre, Torrealba, Torregresa, Torregroza, Torrente, Torrentes, Torres, Tórrez, Tortós, Tortosa, Toruño, Tosso, Touma, Toval, Tovar, Trala, Traña, Traures, Travierzo, Travieso, Trediño, Treguear, Trejos, Treminio, Treviño, Triana, Trigo, Triguel, Triguero, Trigueros, Trilite, Trimarco, Trimiño, Triquell, Tristán, Triunfo, Troche, Trocanis, Troncoso, Troya, Troyo, Troz, Trueba, Truffat, Trujillo, Trullas, Trullás, Truque, Tula, Turcio, Turcios.

U

Ubach, Ubao, Ubeda, Ubico, Ubilla, Ubisco, Ubizco, Ucanan, Ucañan, Ugalde, Ugarte, Ujueta, Ulacia, Ulate, Ulcigrai, Ulcigral, Ulecia, Uley, Ulibarri, Ulloa, Umaña, Umanzor, Ungar, Urain, Uralde, Urbano, Urbina, Urcuyo, Urdangarin, Urea, Urela, Ureña, Urgellés, Uriarte, Uribe, Uriel, Urieta, Uriza, Uroz, Urquiaga, Urra, Urraca, Urrea, Urroz, Urruela, Urrutia, Urtecho, Urunuela, Urzola, Usaga, Useda, Uva, Uveda, Uzaga, Uzcategui.

V

Vadivia, Vado, Valdelomar, Valderama, Valderrama, Valderramo, Valderramos, Valdés, Valdescastillo, Valdez, Valdiva, Valdivia, Valdivieso, Valencia, Valenciano, Valentín, Valenzuela, Valera, Valerín, Valerio, Vales, Valiente, Valladares, Vallarino, Vallcaneras, Valldeperas, Valle, Vallecillo, Vallecillos, Vallejo, Vallejos, Valles, Vallez, Valls, Vals, Valverde, Vanegas, Vaquerano, Vardesia, Varela, Varga, Vargas, Vargo, Varsi, Varsot, Vartanian, Varth, Vasco, Vasconcelos, Vasílica, Vásquez, Vassell, Vaz, Veas, Vedoba, Vedova, Vedoya, Vega, Vegas, Vela, Velarde, Velasco, Velásquez, Velazco, Velázquez, Vélez, Veliz, Venegas, Ventura, Vera, Verardo, Verastagui, Verdesia, Verdesoto, Vergara, Verguizas, Vertiz, Verzola, Vesco, Viales, Viana, Viatela, Vicario, Vicente, Vico, Víctor, Victores, Victoria, Vidaechea, Vidal, Vidales, Vidalón, Vidaorreta, Vidaurre, Videche, Vieira, Vieto, Vigil, Vigot, Vila, Vilaboa, Vilallobos, Vilanova, Vilaplana, Villar, Villareal, Villarebia, Villareiva, Villarreal, Villarroel, Villas, Villaseñor, Villasuso, Villatoro, Villaverde, Villavicencio, Villeda, Villegas, Villejas, Villena, Viloria, Vindas, Vindel, Vinueza, Viñas, Víquez, Viscaino, Viso, Vivallo, Vivas, Vivero, Vives, Vívez, Vivies, Vivó, Vizcaíno, Vizcayno.

X

Xatruch, Ximenes, Xirinachs, Xiques

Y

Yaacobi, Yanarella, Yanayaco, Yanes, Yepez, Yglesias, Yllanes, Yurica, Yzaguirre.

Z

Zabala, Zabaleta, Zabate, Zablah, Zacarías, Zacasa, Zalazar, Zaldivar, Zallas, Zambrana, Zambrano, Zamora, Zamorano, Zamudio, Zamuria, Zapata, Zaragoza, Zárate, Zarco, Zaror, Zarzosa, Zavala, Zavaleta, Zayas, Zayat, Zecca, Zedan, Zegarra, Zelada, Zelaya, Zeledón, Zepeda, Zetina, Zonta, Zoratte, Zuleta, Zumba, Zumbado, Zúñiga, Zunzunegui.

BIBLIOGRAFÍA

Abad y Lasierra, Iñigo Fray. *Historia geográfica, civil y natural de la Isla de San Juan Bautista de Puerto Rico*. Universidad de Puerto Rico, San Juan, Puerto Rico. 1966.

Agostín, Marjorie. *The House of Memory, Stories by Jewish Women Writers of Latin America*. The Feminist Press. New York, New York. 1999.

Alberti, Kleninbort. *El Informante: Protagonista inefable en la transmisión oral sefardí*. Sixth Latin America Jewish Society Research Conference. University of Maryland, College Park, MD. 1991.

Anónimo. *Los Judíos en Puerto Rico*. Museo de San Juan, San Juan, PR. 2005.

Arana Soto, S. *La Sanidad en Puerto Rico hasta 1898*. Artes Gráficas Medinaceli, S.A. 1978.
Armstrong, Herbert W. *La llave maestra de la profecía*. Editorial Ambassador, Passadena, CA, 1983.

Artigas, María del Carmen. *Antología Sefardí 1492-1700. Respuesta literaria de los hebreos españoles a la expulsión de 1492*. Editorial Verbum, Madrid, España. 1997.

Bank, Richard. *The Everything Judaism Book*. Adams Media Corporation, MA. 2002.

Beinart, Haim. *El Legado de Sefarad*. Editorial Magnes. Jerusalem, Israel. Tomos I y II. 1993.

Beller, Jacob. *Jews in Latin America*. Jonathan David Publisher. New York, New York. 1958.

Biale, David. *Cultures of the Jews*. Ramdom House, Inc. New York, New York. 2002.

Birmingham, Stephen. *The Grandees*. Dell Publishing Co. Inc. New York, New York. 1971.

Boff, Leonardo y Elizondo, Virgil. *1492-1992. The Voice of the Victims*. Trinity Press International. Philadelphia, PA. 1992.

Böhm Günter. *Los Sefardíes en los Dominios Holandeses de América del Sur y del Caribe, 1630-1750.* Iberoamericana Vervuert. Alemania. 1992.

Brau y Asencio, Salvador. *Puerto Rico y su Historia.* Editorial IV Centenario. San Juan, Puerto Rico, 1972.

Cherro de Azar, María. "Costumbres Sefardíes", *Sefárdica*, 8, (marzo, 2010).

Chiquiar-Rabinovich, Salomón. *The Puerto Rico – Israel cooperation agreement of February 15, 1996. Background and significance.* Ninth Latin American Jewish Society Research Conference. David Rockefeller Center for Latin America Studies. Harvard University, Massachusets, 1997.

Cohen, Mario Eduardo. *América Colonial Judía.* CIDICSEF. Buenos Aires, Argentina. 2000.

Crespo Vargas, Pablo L. *La inquisición Española y las Supersticiones en el Caribe Hispano a principios del Siglo XVII: un recuento de creencias según las Relaciones de Fe del Tribunal de Cartagena de Indias.* Editorial Palibrio, Bloomington, In. 2011.

Crespo Vargas, Pablo L.; Padovani de Ortiz, Lydia. *Lajas, desde los amerindios hasta el siglo XIX: historia, sociedad y cultura de un pueblo.* Editorial Akelarre. Lajas, PR. 2013.

Cuesta Mendoza, Antonio. *Historia Eclesiástica del Puerto Rico Colonial 1508-1700.* Volumen I. Arte y Cine Editores. Ciudad Trujillo, República Dominicana. 1948.

Díaz-Mas, Paloma. *Los Sefardíes: historia, lengua y cultura.* Riopiedras Ediciones. Barcelona, España. 2006.

Dominguez Ortiz, Antonio. *Los Judeo-Conversos en España y América.* Ediciones Itsmo. Madrid, España. 1971.

Eisenberg Sasso, Sandy. *Las Matzás Secretas de Abuelita.* Emmis Books. Cincinnati, Ohio. 2005.

Entine, Jon. *Abraham's Children. Race, identity and the DNA of the chosen people.* Grand Central Publishing Hachette Book Group. New York, NY. 2007.

Feierstein, Ricardo. *Mestizo y Judío*. University of New Mexico Press. 2000.

Fernández Méndez, Eugenio. *Historia Cultural de Puerto Rico*. Ediciones El Cemí, San Juan, PR., 1970.

Fogel, Keith; Fogel, Marian E. *Conversos of the Americas. Emergence & Descent of the Converted Jews of Spain*. Pajaros-López Publishers, NY. 2004.

Foulché Delbosc, Raimundo. *1313 Proverbios Judío-Españoles*. Ediciones Obelisco, S.L. Barcelona, España. 2006.

Frank, Ben G. *A Travel Guide to the Jewish Caribbean & South America*. Pelican Publishing Company, Inc. Gretna, Louisiana. 2005.

García de Proodian, Lucía. *Los Judíos en América. Sus actividades en los virreinatos de Nueva Castilla y Nueva Granada*. Madrid, 1960.

Gitlitz, David M. *Secreto y engaño: La religión de los criptojudíos*. Junta de Castilla y León. Salamanca, España. 1996.

Glantz, Margo. *Las Genealogías*. Editorial Alfaguara. México D. F., México. 1998.

Goldenberg, Isaac. *El Gran Libro de América Judía*. Editorial de la Universidad de Puerto Rico. San Juan, Puerto Rico. 1998.

Gómez Bravo, Gutmaro. *Atlas de la Civilización Judía*. Editorial Libsa, Alcobendas, España. 2006.

González Bayo, Malka. *Los apellidos judeoespañoles*. Ediciones Obelisco, S.L. Barcelona, España. 2008.

Gross, David C. *The Jewish People's Almanac*. Hippocrene Books, Inc. Madison Ave. New York, New York. 2001.

Haim, Abraham. *La nueva Ley de Conservación de la Cultura de Cervantes (el ladino)*. Asociación Caminos de Cervantes y Sefarad. Actas del III Congreso Internacional Zamora. Ediciones Monte Casino, Madrid, España. 1997.

Hatcher Childress, David. *El secreto de Cristóbal Colón*. Ediciones Nowtilus S.L. Madrid, España. 2005.

Hertzberg, Arthur. *The Jews in America.* Simon & Schuster. New York, New York. 1989.

Hordes, Stanley M. *To the end of the earth. A history of the criptojews of New Mexico.* Columbia University Press. West Sussex, New York. 1959.

Irizarry, Estelle. *El ADN de los escritos de Cristóbal Colón.* Ediciones Puerto, Inc. San Juan, PR. 2009.

Johnson, Paul. *La historia de los Judíos.* Ediciones B, S. A. Barcelona, España. 2005.

Kayserling, Meyer. *Chistopher Colombus and the Participation of the Jews in the Spanish and Portuguese Discoveries.* Hubert Allen and Associates, Inc. Albuquerque, New Mexico. 2002.

Kertzer, Morris N. *What is a Jew?* Touchtone Books. New York, NY. 1983.

Kolatch, Alfred J. *El Libro Judío del Por qué...?* Jonathan David Publishers, Inc. New York, New York. 1981.

Konetzke, Richard. *América Latina: Época Colonial.* Sigloveintiun Editores, S.A. de C.V. México D.F. México. 1972.

Kritzler, Edward. *Jewish Pirates of the Caribbean.* Doubleday Publihing Group & Random House, Inc. New York, N.Y. 2008.

Locker, Zvi. *Crypto-Jews and Religion Conversion in the Caribbean Colonies.* Conference in the American Jewish Archives. Cincinnati, Ohio. 1982.

López Cantos, Angel. *Fiestas y Juegos en Puerto Rico (Siglo XVIII).* Centro de Estudios Avanzados de Puerto Rico y el Caribe. San Juan, Puerto Rico. 2008.

_____. *La Religiosidad Popular en Puerto Rico (Siglo XVIII).* Centro de Estudios Avanzados de Puerto Rico y el Caribe. San Juan, Puerto Rico. 1992.

Marks, Gil. *Encyclopedia of Jewish Food.* John Wiley & Sons, Inc. Hoboken, NJ. 2010.

Melamed, Renée Levine. *Heretics or Daughters of Israel? The Crypto-Jewish Women of Castile.* Oxford University Press, Inc. New York. 1998.

Netanyahu, Benzion. *Los Marranos Españoles.* Junta de Castilla y León. Salamanca, España. 2001.

Pascual Recuero, Pascual. *Diccionario Básico Ladino-Español.* Ediciones Riopiedras, Barcelona, España. 1977.

Porcel, Baltasar. *Los Chuetas Mallorquines: Siete Siglos de racismo.* Barral Editores, Barcelona, España, 1971.

Rodríguez León, Mario A. *Los Registros Parroquiales y la Microhistoria Demográfica de Puerto Rico.* Centro de Estudios Avanzados de Puerto Rico y el Caribe. San Juan, Puerto Rico. 1990.

Rodríguez Valdés, Angel. *El Azotador de Vientos.* Grijalbo S.A. Venezuela. 1995.

Roth, Cecil. *A History of the Marranos.* Meridian Books & Jewish Publication Society of America. New York. 1959.

Saban, Mario Javier. *Judíos Conversos.* Editorial Distal. Buenos Aires, Argentina. 1990.

Sachar, Howard M. *Farewell Espana. The World of the Sephardim Remembered.* Alfred A. Knopf, Inc. New York, 1994.

Sánchez, Dell F. *Surgiendo del Escondite. Evidencias de Raíces Sefarditas entre Latinos.* Anusim Publicaciones. San Antonio, Texas. 2012.

Schraibman, Joseph. *Tropical Synagogues. Short Stories by Jewish-Latin American Writers.* Canadian Journal of Latin America and Caribbean Studies. (Review). Ilan Stavaus Editors. 1995.

Schvartzman, Pablo. *Judíos en América.* Instituto Amigos del Libro Argentino. Buenos Aires, Argentina. 1963.

Selke, Ángela. *Los Chuetas y la Inquisición.* Taurus Ediciones S. A. Madrid, España, 1972.

Shua, Ana M. *Sabiduría Popular Judía*. Editorial Ameghino. Buenos Aires, Argentina. 1977.

Sigal de Eliscovich, Nora. *Literatura Judía en Hispanoamérica*. Corporación Cultural Orogenia. Quito, Ecuador. 2006.

Silvestrini, Blanca G., Luque de Sánchez, María Dolores. *Historia de Puerto Rico: Trayectoria de un pueblo*. Ediciones Cultural Panamericana, Inc. San Juan, Puerto Rico. 1991.

Toro, Alfonso. *Los Judíos en la Nueva España*. Fondo de Cultura Económica. México, D. F. México. 1993.

Uchmany, Eva Alexandra. *La participación de los judíos, conversos y cristianos nuevos de origen hispano-hebreo en el descubrimiento, conquista y colonización de América española*. Sixth Latin American Jewish Society Research Conference University of Maryland, College Park, MD. 1991.

Vilá, Samuel. *Historia de la Inquisición en España*. Editorial Terraza. Barcelona, España. 1977.

Webb, Liliane. *The Marranos*. Simon & Schuster. New York, New York. 1982.

Weich Shahak, Susana. *Música y Tradiciones Sefardíes*. Centro de Cultura Tradicional, Salamanca, España. 1992.

Weisenthal, Simon. *Operación Nuevo Mundo: la misión secreta de Cristóbal Colón*. Ayma S. A. Editora. Barcelona, España. 1973.

Weissman, Moshe. *El Midrash dice...* Editorial Bnei Sholem, Buenos Aires, Argentina. 2004.

Wolff, Martha. *De abuelas y de bobes, de patronas y de shikzes: recetas para no olvidar*. Editorial Vinciguerra. Buenos Aires, Argentina. 2000.

En la red:

http://roble.pntic.mec.es/jmom0087/archivos/texto4.pdf

http://www.ort.edu.uy/facs/boletininternacionales/contenidos/82/davidtelias82.html

http://www.mcnbiografias.com/appbio/do/show?key=manso-alonso-de. Recuperado el 18 de enero de 2012

http://tarbutsefarad.com/es/artículos-shorashim/3189-los-chuetas-de-mallorca.html

Ensenyat I Pujol, Gabriel. Universidad de las Islas Baleares. file:///C:/Users/Ana/Downloads/97697-161756-1-PB%20(2).pdf

http://blog.mca-hotels.com/2008/10/30/xuetes-la-historia-de-los-judios-conversos-de-mallorca/

http://www.tarbutlleida.com/noticies/53-la-de-los-chuetas-es-una-historia-muy-triste.html

http://www.ideal.es/granada/20091011/sociedad/chuetas-ultimos-perseguidos-20091011.html

http://rcsdigital.homestead.com/files/Vol_IX_Nm_4_1965/Rodr_guez.pdf, http://dle.rae.es/

https://jsotocolon.wordpress.com/2010/04/20/una-maravilla-en-el-centro-de-nuestra-isla/

http://lahojadelares.blogspot.com/2012/01/leyenda-de-la-rambla.html

http://cabitapr.galeon.com/album1408798.html

http://javierakerman.blogspot.com/2010/05/los-remedios-tradicionales-de-las.html

http://www.delacole.com/cgi-perl/medios/vernota.cgi?medio=sefaraires&numero=34&nota=34-7.

http://youtu.be/pvjvJW_fBhk.

http://eltiempolatino.com/news/2014/feb/13/espana-reconoce-los-judios-sefarditas/#sthash.jHe9NKs6.dpuf

Para charlas, conferencias o cualquier otro asunto sobre este tema:

Ana Alicea Rivera
P O Box 1629
Cidra PR 00739

aalicearivera@gmail.com

Made in the USA
Thornton, CO
09/30/23 10:58:43

3de75f38-9795-4a95-a585-5c034a813ee6R01